清代民族政策法制化研究

A STUDY ON THE LEGALIZATION OF
ETHNIC POLICIES
IN THE QING DYNASTY

许安平◎著

人民东方出版传媒
People's Oriental Publishing & Media
東方出版社
The Oriental Press

图书在版编目（CIP）数据

清代民族政策法制化研究 / 许安平 著. —北京：东方出版社，2023. 3
ISBN 978-7-5207-3069-3

Ⅰ. ①清…　Ⅱ. ①许…　Ⅲ. ①民族政策—研究—中国—清代　Ⅳ. ①D691. 72

中国版本图书馆 CIP 数据核字（2022）第 224696 号

清代民族政策法制化研究
(QINGDAI MINZU ZHENGCE FAZHIHUA YANJIU)

作　　者：许安平
责任编辑：王学彦　申　浩
出　　版：东方出版社
发　　行：人民东方出版传媒有限公司
地　　址：北京市东城区朝阳门内大街 166 号
邮　　编：100010
印　　刷：北京联兴盛业印刷股份有限公司
版　　次：2023 年 3 月第 1 版
印　　次：2023 年 3 月第 1 次印刷
开　　本：880 毫米×1230 毫米　1/32
印　　张：8. 375
字　　数：180 千字
书　　号：ISBN 978-7-5207-3069-3
定　　价：58. 00 元
发行电话：(010) 85924663　85924644　85924641

目 录

导　论

一、研究意义

我国是统一的多民族国家，有56个民族，少数民族有一亿多人口，分布在全国各地，民族自治地方占国土面积的64%，西部和边疆绝大部分地区都是少数民族聚居区。这一基本国情，决定了民族问题始终是我们建设中国特色社会主义必须处理好的一个重大问题，也决定了民族工作始终是关系党和人民事业发展全局的一项重大工作。民族区域自治，作为党解决我国民族问题的一条基本经验不容置疑，作为我国的一项基本政治制度不容动摇，作为我国社会主义的一大政治优势不容削弱。坚持和完善民族区域自治制度，必须全面贯彻落实宪法和民族区域自治法。民族区域自治法是国家保障少数民族和民族地区各项权利的基本法律，是我国民族工作走上法制化、规范化轨道的重要保障。2019年9月27日，习近平总书记在全国民族团结进步表彰大会上指出："依法治理民族事务，确保各族公民在法律面前人人平等。要全面贯彻落实民族区域自治法，健全民族工作法律法规体系，依法保障各民族合法权益。要坚持一视同仁、一断于法，依法妥善处理涉民族因素的案事件，保证各族公民平等享有权利、平等履行义务，确保民族事务治理在法治轨道上运行。对各种渗透颠覆破坏活动、暴力恐怖活动、民族分裂活动、宗教极端活动，要严密防范、坚决打击。”

1949 年 9 月底中国人民政治协商会议通过的、起临时宪法作用的《中国人民政治协商会议共同纲领》第 6 章就有 4 条关于新中国民族政策的规定。新中国成立以来，我国民族立法工作大致经历了三个阶段。第一个阶段：从新中国成立至 1965 年，为民族立法的奠基和初步发展时期。这一时期的民族工作具有开创性的意义，取得了辉煌成就，被誉为民族工作的黄金时代。第二个阶段：“文化大革命” 10 年，这一阶段民族法制建设遭到全面破坏。第三个阶段：20 世纪 70 年代末即党的十一届三中全会以来。在党中央的正确领导下，经过拨乱反正，恢复了实事求是的思想路线，党和国家的各项工作包括民族工作又回到了正确的轨道上，党领导人民改革开放，以经济建设为中心，建立社会主义市场经济体制，经济建设和社会各项事业取得了长足的发展，我国进入了一个新的发展时期。尤其是党适时地提出依法治国、建设法治国家的战略任务，标志着我国各项工作逐步进入法制化的新阶段。与此相适应，我国的民族法制建设也取得了较大的进展。我国民族法律法规体系，有力地保障了少数民族的平等权利和合法权益，保障了民族区域自治这一基本政治制度的推行，促进了少数民族地区经济和各项社会事业的快速发展。对增进民族团结，巩固和发展平等、团结、互助、和谐的社会主义新型民族关系，对维护国家统一和巩固边防，都发挥了重要作用。党的十八大以来，以习近平同志为核心的党中央高度重视民族问题和民族工作。习近平总书记从实现“两个一百年”奋斗目标和中华民族伟大复兴中国梦的高度，对事关民族工作全局和长远的一系列重大问题，提出了许多富有创见的新思想、新观点、新论断、新要求。在第二次中央新疆工作座谈会上，习近平总书记明确指出，要坚定不移坚持党的民族政策、坚持民族区域自治制度。这些重要论述，贯穿着强烈的问题意识、鲜明的问题导向，既坚定信心、鼓舞士气，又解疑释惑、正本清源，为我们做好新形势下的民族工作提供了根本遵循，指明了前进方向。我们需要进一步探索和健全民族区域自治制度的具体实现形式，完善民族区域自治法的配套法律法规，不断充实实行民族区域自治制度的物质基础，促进少数民族和民族地区经济社会的全面发展。

中国共产党第二十次全国代表大会报告指出："全面依法治国是国家治理的一场深刻革命，关系党执政兴国，关系人民幸福安康，关系党和国家长治久安。必须更好发挥法治固根本、稳预期、利长远的保障作用，在法治轨道上全面建设社会主义现代化国家。我们要坚持走中国特色社会主义法治道路，建设中国特色社会主义法治体系、建设社会主义法治国家，围绕保障和促进社会公平正义，坚持依法治国、依法执政、依法行政共同推进，坚持法治国家、法治政府、法治社会一体建设，全面推进科学立法、严格执法、公正司法、全民守法，全面推进国家各方面工作法治化。"民族法制建设，是建设社会主义法治国家的重要内容。新中国成立 70 多年来，虽然我国的民族法制建设取得了很大的成绩，有力地保障和推动了民族地区政治、经济、文化、教育等各项事业的改革与发展。但是随着社会主义市场经济的发展，我国加入 WTO，以及政治、经济体制改革的不断深入，民族法制建设日显滞后，已不能很好地适应少数民族地区改革与发展的需要。因而，如何加快民族立法步伐，加快民族法制建设，包括将党和政府长期以来行之有效的民族政策上升为法律，已成为当前整个国家和少数民族地区各项事业发展进程中的一项紧迫课题。我国的民族法制建设应适应于中国特色社会主义建设总过程。其理论和实践渊源应该包括以下几个方面：在理论方面，我们除了坚持马列主义基本原理外，对西方国家在民主法治方面的政治文明理论成果应该加以借鉴。在实践方面，从横向上看，应该吸收和借鉴世界上其他多民族国家，包括社会主义国家和资本主义国家，在民族法制建设过程中的得失成败的经验与教训。从纵向上看，一是总结中国共产党成立以来的民族工作实践和民族法制建设成果。二是借鉴我国历史上的成功经验和政治智慧。我们了解和研究中国历史上的民族政策法制化过程是十分必要的。有历史才有今天，研究历史、了解历史是为了今天进步和将来的发展。虽然今天的中国社会主义民族法制建设与中国历史上的民族政策法制化过程，有着明显的区别，但今天的民族法制建设，从某种意义上讲，与历史上的民族政策法制化承担着相同的使命，即调控民族关系、实现民族关系和谐。所以研究历史上的民族政策法制化过程，借鉴历史上的成功经验，总结和吸收历史上的教训对我们今天的民族法制建设具有非常重要的意义。

中国自秦汉以来就是一个统一的多民族国家。在漫长的中国封建社会时期，时而是国家统一，时而是分裂割据；时而是汉族统治者的家天下，时而是少数民族统治者君临华夏。但是各个朝代都是多民族构成的，都面临着复杂的民族关系问题，这一点是相同和相通的。历史上的封建统治者为了解决民族关系问题，制定了诸多的民族政策和民族法，民族政策法制化是历代封建统治者的重要手段和策略。清朝是中国最后一个封建王朝，而且是由少数民族统治者建立的统一多民族国家。不可否认，清朝的民族政策和民族法制是相当完备的。清政府制定了一系列的民族法规，无论在数量上还是在立法内容上，都达到了中国封建社会民族法的顶峰。研究清朝的民族政策法制化过程，探究其成功之处和失败的原因，对了解我国历史上封建王朝在处理民族关系问题、实现民族政策法制化的预期目标，对我们今天成功实现民族政策全面法制化，有着深远的借鉴意义。

二、综述

在西方，法治社会从古代以来就是学者们热衷推崇的理想社会模式。他们关于法的基本理论和基本精神的论述是我们今天追求法治社会的理论渊源之一。清朝作为我国历史上最后一个，也是由少数民族封建统治者建立的封建王朝，它的政策体系和法律体系是极其完备的，内容是十分丰富的。作为中国封建社会政治制度的代表之一，清朝的民族政策和民族法必然会吸引众多学者的眼光。有很多学者对清朝的政治制度和法律制度做过深入的研究和探索，这些研究成果为本书提供了丰富的素材和坚实的基础。

1. 关于法治社会方面的研究

法治是一个古老而又新颖的话题。早在古希腊时期，人们就开始对法治的理论进行过探索，进而在古罗马，对法治进行了初步实践，并取得了巨大的成就。近现代的法治理论虽然是以古代的法治思想为起点的，但它更多是资产阶级革命的产物。

社会主义法治在资本主义法治的基础上，将法治推到了一个新的历史阶段。我国在 1999 年 3 月全国人民代表大会对 1982 年宪法的修正案中明确规定：“中华人民共和国实行依法治国，建设社会主义法治国家。”依法治国的方略被上升为宪法原则。

在古希腊，毕达哥拉斯便提出过“人治不如法治”的主张，柏拉图在《法律篇》中也提出过法治思想。亚里士多德作为希腊时期学术思想的集大成者，在其西方政治学的开山之作《政治学》中，对法治理论进行过深刻阐释。亚里士多德认为：“法治应当优于人治”，“法治应包括两重意义：已成立的法律获得普遍的服从，而大家所服从的法律又应该本身是制定得良好的法律”。在西方启蒙思想家中，17 世纪英国的洛克是较早从法与君权专制理论的角度，对法治理论进行研究的。洛克认为，法治即是，政府应该“以正式公布的既定的法律来进行统治，这些法律不论贫富、不论权贵和庄稼人都一视同仁，并不因特殊情况而有出入”。继洛克之后，孟德斯鸠对君主专制制度也进行了猛烈的抨击，他指出，君主专制国家是一种没有法制的国家，这种国家尽管形式上也颁布一些法律，但实际上并不按法律办事。他说：“专制政体是既无法律又无规章，由单独的一个人按照一己的意志与反复无常性情领导一切。”总的说来，18 世纪的启蒙思想家们，大多数都从人道、人性、平等的观念出发，从对君主专制的猛烈批判出发，展开对法治社会的论述和设想。这些对法治社会的论述虽然有其历史局限性和阶级局限性，但确为人类社会的法治化进程奠定了相应的理论基础。不管人们对法治社会的理解偏差如何之大，其基础之一都离不开法律的制定和颁布。法律制定和颁布的技术和技巧，运用法律处理民族问题方面的共性问题上的方法与策略，古代的政治实践和法制实践应该能够为我们今天法治社会建设提供某种借鉴，清朝作为中国封建王朝的杰出代表之一，其运用民族法制处理民族问题的实践经验，值得我们关注和研究。

2. 关于政策与法的关系方面的研究

政策科学主要的倡导者和创立者哈罗德·拉斯韦尔与亚伯拉罕·卡普兰认为，政策是“一种含有目标、价值与策略的大型计划”。公共行政学的首创者之一，美国学者伍德罗·威尔逊认为，政策是由政治家即具有立法权者制定的而由行政人员执行的法律和法规。卡尔·弗里德里希认为政策是“在某一特定的环境下，个人、团体或政府有计划的活动过程，提出政策的用意就是利用时机、克服障碍，以实现某个既定的目标，或达到某一既定的目的”。西方著名学者对政策的含义并没有达成共识，都是从某一方面来论述的，带有片面性和倾向性。我国部分学者对政策的定义过于强调政党和政府的政策主体地位，过于强调政策的目标取向，而另一部分学者忽略了政党占主导地位的国家政策过程，忽视了政党指导作用。对于法的定义，种类更加多样。英国哲学家霍布斯说：“法是国家对人民的命令，用口头说明，或用书面文字，或用其他方法所表示的规则或意志，用以辨别是非、指示从违。”美国法学家弗兰克提出：就任何具体而言，法或者是实际的法，即关于这一情况的一个过去的判决；或者是大概的法，即关于一个未来判决的预测。马克思主义认为：法是由国家制定、认可并由国家强制力保证实施的，反映由特定物质生活条件所决定的统治阶级意志的行为规范体系。张文显在其《法理学》教材中，主要从党的政策和法律的角度对政策和法的关系做了论述。他认为，政策和法有着明显不同，政策和法所体现的意志不同，表现形式不同；实施方式不同；调整社会关系的范围不同。同时二者又有着密切的联系：政策是制定国家法律的基本依据，法的实施不能脱离政策的指导，政策可以弥补法的不周严性；法律保证政策的实现。国内关于政策和法的论述主要从党的政策和法律的角度加以阐述，但对一般社会背景下的政策与法的关系论述较少。

3. 关于清代民族政策方面的研究

清代民族政策很早以来就是学者们研究的热点，这主要和清朝在中国的历史地位有关。王锺翰先生通过对历代封建王朝的民族政策比较研究认为："满族作为继蒙元之后入主中土的第二个少数民族，它的统治者十分注意吸收借鉴历代封建王朝统治众多少数民族的经验教训，制定自己的民族宗教政策。同古代相比，昔严尤曾有'周得中策，汉得下策，秦无策焉'之论，平心论之，清代的民族宗教政策不但超周、秦、汉三代，甚至连煊赫一时、地跨欧亚二洲的大元帝国亦瞠乎其后。"徐杰舜和韦日科在其主编的《中国民族政策史鉴》中认为"清代的民族政策集中国封建社会民族政策之大成"，"清代的民族政策之所以在中国民族政策史上占有重要地位，不仅在于其是中国封建社会民族政策的一个总结，更在于其促进了中国统一多民族国家的巩固和发展"。余梓东教授的博士论文《清代民族政策研究》是关于清代民族政策研究的专门性著作，在书中他对清代的民族政策进行了详细的研究和论述。他认为：清代民族政策是清代政策体系中非常重要的核心组成部分，也是清朝的基本国策；清代民族政策是集中国封建社会民族政策之大成者；清代民族政策对祖国版图的奠定发挥了重要和不可替代的作用；清代民族政策对中华民族文化的发展和繁荣产生了积极和深远的影响；清代的民族政策对中华民族共同反对外来侵略斗争、共同团结奋战，奠定了基础；清代民族政策为处理我们当前所面临的各种民族问题提供了宝贵的历史借鉴。总的来说，学者们对清代的民族政策在辩证分析的基础上，是普遍给以高度评价的，但对于清代民族政策与当今民族政策的关系并没有展开详细的分析和论述。

4. 关于清代民族法方面的研究

对于清代的法律制度，张晋藩主编的《清朝法制史》进行了详细的论述。在《清朝法制史》中，张晋藩列专章对清代的民族法进行了研究。他主要以时间为线索，对顺治到道光时期的清代民族法进行了研究。其中，他把清代民族法的发展分为三个阶段。顺治、康熙时期为第一个阶段，雍正、乾隆时期为第二个阶段，嘉庆、道光时期为第三个阶段。中国政法大学的刘广安博士在其《清代民族立法研究》中对清代的民族法规进行了总结和归纳。他主要从两个角度进行研究，一是对《理藩院则例》进行了详细的总结和剖析，二是从清朝时期不同少数民族地区所适用的不同民族法规的角度，对清代的民族法规进行了梳理。其他还有一些关于清代民族法的研究也很有见地，如方慧的《中国历代民族法律典籍》，张羽新的《清朝治藏法规全编》等。这些研究主要以清代民族法的内容为主要的论述着力点，对于清代民族政策与清代民族法的关系较少论述，并且与当今时代的联系并不紧密。如何从纷繁复杂的历史中得到对我们今天的民族工作实践具有直接借鉴意义的经验和教训，是前人研究中的一个空白点，或者说是一个不很清晰的点。

三、研究思路和方法

本书将从政策与法的一般区别、政策法制化的理论分析入手，分析、研究清代民族政策法制化的整个过程；探讨清代民族政策与民族法的关系；研究清代民族政策法制化的历史意义和对当今民族政策法制化的现实意义及启示。本书主要内容由四个方面构成，(1) 政策法制化的理论根据；(2) 清代民族政策法制化的释义；(3) 清代民族政策法制化的实践过程；(4) 清代民族政策法制化的意义与启示。

研究方法是由特定的研究对象决定的。何种研究方法的选择，要以研究目标、研究对象为根据，以顺利完成研究任务为宗旨。因此，本书将采用多种研究方法来研究，具体如下：

辩证分析法。这是贯穿全书研究过程的基本方法，也是马克思主义唯物辩证的分析方法，即按照客观事物自身的运动与发展规律来认识事物的思维和分析方法。在这一方法的具体运用中，就是坚持联系的观点、发展的观点、全面的观点、对立统一的观点、具体问题具体分析的观点、实事求是的观点来认识事物的本质，揭示事物的运动轨迹和规律。清代民族政策的法制化有其成功的一面，也有其阶级局限性、民族局限性和时代局限性。因此，必须坚持辩证分析方法，辩证分析清代民族政策法制化的成果，并据此提炼出民族政策法制化的一般规律，为当今的民族政策法制化提供借鉴。

比较分析法。所谓比较分析法，是将两个或多个同类或相近的事物，按同一法则进行对比分析，寻找它们的相同点与差异点，并根据同一法则进行对比分析的结果来推测未知的事物或具有同样或近似的性质和特征。本书将从法与政策的一般理论出发，探索中国古代中华法系下民族政策与法的异同，使二者的关系明晰化。

实证与案例分析法。这是西方民族学界比较公认的研究方法，也可以称之为成熟的研究范式。实证分析方法的特点是，指明研究事物“是什么，具有什么特征，以及说明该事物在各种条件下会发生什么样的变化，产生什么样的结果。”本书虽然理论性较强，但同样离不开具体的实证分析与案例分析。

规范分析方法。根据研究的需要，本书必然要把一定的价值判断作为出发点和落脚点，提出研究的事物“应该是什么样”，“不该是什么样”，对选择有关条件下事物发展的结果作出“好或坏”的判断，并回答为什么要做出这种选择，而不作出别的选择，有其理论上的指导意义。循着这种研究路径，本书将对民族政策法制化的效果评测进行规范的分析，并希望得出政策法制化的一般效果评价标准。

文献梳理法。由于本书涉及的历史知识较多，查证众多历史文献是本书写作过程中不可缺少的环节。根据科学的方法收集和整理历史资料是本书成功的前提和基础，在文献综述部分也必须采取文献梳理的方法。

演绎推理和归纳推理法。感性与理性的互动、实证与人文的共容，是使研究升华的手段，是学术研究的精华。本书将在前人研究的基础上，检验前人的理论，构建自己的理论，实现由抽象到具体、由具体到抽象的双向转变。

四、可能创新点和不足

1. 研究的可能创新点

（1）对政策和法的关系进行新的解释和论证。

（2）总结清代民族政策法制化的规律，为今天的民族政策法制化提供历史借鉴。

（3）将清代的民族政策法制化和当代的民族法制建设实践相结合，探讨当代民族法制建设应该改进之处。

2. 研究的不足之处

本书涉及的历史知识较多，需要有扎实的史学功底。笔者由于专业限制，可能在这一方面有所欠缺。收集历史资料本来就是一项辛苦的工作，如果基础欠缺，不但难度大，而且容易出现重大遗漏和以偏盖全的问题。本书以理论性的定性研究为主，哲学基础为人文主义，研究范式为自然范式，主要运用归纳推理的方式进行理论构建，文字描述较多，可能容易形成主观看法和片面性的缺点。本书试图把清代的民族政策法制化实践与当今的法制化进程联系起来，时间跨度大，具体情况变化更大。如何在二者之间建立起一道桥梁，这需要很多相关知识的储备与运用，并且要求具备敏锐的观察力和深邃的洞察力。由于笔者基础有限，可能很多观点会贻笑大方，希望能起到抛砖引玉的作用。

第一章　清代民族政策法制化释义

第一节　政策与法的关系

一、政策的概念

对于政策和法的关系的探讨是我们非常熟悉的课题。在解决政策和法的关系之前，我们有必要先搞清楚这两个概念本身的含义。只有这两个基本概念清晰化了，我们才能在此基础上讨论二者的关系。

关于政策的解释，人们并未形成统一的认识，究其原因，在于人们在给政策下定义时，一般都是从不同的角度出发或者为了不同的目的而对政策一词进行界定。在这种本位主义的影响下，关于政策的解释变得纷繁复杂起来。安德鲁·海伍德所著的《政治学》中认为：一般而言，政策是个人、团体、企业或政府采取的行动计划。称某事为政策，意味着作出了正式决定，正式批准某种行动计划。因此公共政策可看作政府机构的正式或明确决定。不过政策最好被理解为意图、行动和结果的联结。在意图层次，政策表现为政府的立场。在行动层次，政策体现为政府的行为。而在结果层次，政策体现为政府行动的后果。[①] 在这里我们可以看出，在西方学者眼中，政策包含如下含义：政策是一种计划和规划，政策由一系列活动组成，政策具有明确的目标性。在我国政策科学领域中，对政策的解释分为以下几种类别：（1）在西方政策科学基础上的定义，如在陈振明主编的《政策科学——公共政策分析导论》中认为：政策是国家机关、政党及其他政治团体在特定时期为实现和服务于一定的政治、经济、文化目标所采取的政治行为或规定的行为准则，它是一系列谋略、法令、措施、办法、方法、条例等的总称。[②] 在我国以西方政策科学为模板建立的政策科学的描述中，政策的含义被宽泛化。在这些理论中，政策的主体不但包括政党和国家，而且包括社会团体和个人。另外，政策的表现形式多样化，不但包括谋略、措施，而且包括法律、条例等。（2）国内传统型的解释，如张金马主编的《政策科学导论》中认为：党和政府用以规范、引导有关机构团体和个人行为的准则或指南。其表现形式有法律、规章、行政命令、政府首脑的书面或口头声明和指示以及行动计划与策略。[③] 在这种解释中，政策的主体基本上限定于党和国家，但由于受西方政策科学的影响，政策的表现形式也较为宽泛化和多样化。（3）我国台湾的学者论述基本很少涉及政党在政策过程中的作用，主要

---

① 〔英〕安德鲁·海伍德著.《政治学》（第二版）. 张立鹏译，北京：中国人民大学出版社，2006 年版. 第 466 页。

② 陈振明主编.《政策科学——公共政策分析导论》（第二版）. 北京：中国人民大学出版社，2003 年版. 第 50 页。

③ 张金马主编.《政策科学导论》. 北京：人民大学出版社，1992 年版. 第 19–20 页。

论述国家政策。在我国的法学界，对于政策的论述一般是从法和政策的区别角度来阐述政策的定义，没有形成专门的政策概念。我们在这里不去评述某种政策定义是否正确，因为由于学科的不同，研究角度不同，概念的差异是必然的。不同的学科，为了建立自己的学科体系，都会有目的性地对相关概念进行论证和解析。如果我们理解了学科的差异性和专业性，那么就知道在诸多看来完全不同的概念解释中，无所谓谁对谁错，只不过是研究视角不同罢了。

在本书中，由于是以政策的法制化为主题，所以必须从法和政策的联系和区别的角度出发，既要厘清两者之间的不同点，又要找到两者的内在联系。在《中国大百科全书》中政策被解释为："政策，简单解释就是政治策略。具体讲就是国家政权机关、政党组织和其他社会政治集团为了实现自己所代表的阶级、阶层的利益与意志，以权威形式标准化地规定在一定的历史时期内，应该达到的奋斗目标、遵循的行动原则、完成的明确任务、实行的工作方式、采取的一般步骤和具体措施。政策的实质是阶级利益的观念化、主体化、实践化反映。"[①] 本书中的政策概念，主要采用传统学说中的合理部分。在政策主体上，尽管一般意义上社会团体是不可或缺的，但本书仅仅限于论述党和国家这部分。在政策的表现形式上，本书将政策和法严格加以区分，使二者泾渭分明。"政策具有以下特点：①正误性。任何阶级及其主体的政策都有正确与错误之分。②时效性。政策

---

① 《中国大百科全书》. 北京：中国大百科全书出版社，2004 年版. 第 6140 页。

是在一定时间内的历史条件和国情条件下，推行的现实政策。③表述性。就表现形态而言，政策不是物质实体，而是外化为符号表达的观念和信息。它由有权机关用语言和文字等表达手段进行表述。作为国家的政策，一般分为对内与对外两大部分。对内政策包括财政经济政策、文化教育政策、军事政策、劳动政策、宗教政策、民族政策等。对外政策即外交政策。”[①] 从结构层次上讲政策，政策可以分为三个层次：根本政策或者叫宏观政策、基本政策或者叫中观政策、具体政策或者叫微观政策。宏观政策是党和国家在某个历史时期根本性、全局性的总路线和总方针。它决定了中观政策和微观政策的基本性质和内容，在国家生活中起着根本性的指导作用。从内容上看，宏观政策主要规定国家政治生活中最重要的方面，如国家的性质、国家制度、公民与国家的关系等国家和社会生活的根本性问题。从效力上看，宏观政策统率中观政策和微观政策。中观政策和微观政策是宏观政策的具体形式，不得与宏观政策相违背。从表现形式上看，宏观政策一般有党的最高决议和宪法。中观政策是党和国家在某一领域和某一方面，为了实现阶段性目标而制定的重大决策和基本原则。中观政策具有承上启下的作用，一方面是实现宏观政策目标的具体性规定，另一方面是统领某一方面国家生活，统率其所属范围内的微观政策。中观政策的表现形式一般为党和国家在国家生活某一方面的基本性规定。微观政策是在宏观政策和中观政策的指导下，为了解决具体性问

---

① 《中国大百科全书》. 北京：中国大百科全书出版社，2004 年版. 第 6140 页。

题和达到某些具体性目标，所规定的具体性行为准则。微观政策被统辖于宏观政策和中观政策之下，但其由于具有灵活性、实效性和及时性，所以是政策体系中不可或缺的部分。宏观政策和中观政策只有通过微观政策的具体化，才能付诸实践，才能实现既定的目标。

二、法的概念

在西方，关于法的定义多种多样。仅《牛津法律大辞典》就列出了法的 12 种不同的定义。在其他法学词典中，也没有统一的法的定义，一般采用列举的形式表示法的定义的多样性和复杂性。这些法的定义大致可分为以下几种：神的意志说、人的理性说、统治者的命令说、规则说、协议说等。法的定义如此复杂、多样，源于人们对法的本质的不同理解。在近现代，西方法学界大致可分为三大主流法学学派，即自然法学派、分析法学派和社会法学派。自然法学派认为法可以分为自然法和人定法，自然法所体现的自然理性是人定法的基础。自然是正义的本源，而法律伦理与正义是一致的，正义是法的本质。他们认为在人定法之上存在有某种超脱的自然理性和人类理性，它们应该成为立法者以及一切人的永恒的行为规则。在这种思想指导下，自然法学派一般把法解释为自然和人类理性的体现，法的本质为超然的正义。分析法学派一般从法的形式和逻辑结构分析出发，认为法是命令和规则体系。在这一思想下的法的本质必然成为政权掌握者的意志的体现。分析法学派认为法是主权者的命令或者是统治者所制定的规则体系；法的本质是在政治上和经济上居于统治地位的统治者的利益和意志的体现。

社会法学派一般从法与社会的联系，如法的对象、法的目的、法的作用等来解释法。他们认为法是社会利益调整的手段，是各种社会因素合力的结果。

我国法学界关于法的定义和本质也进行过广泛的讨论和争论，但由于坚持马克思主义指导，关于法的定义和本质分歧并不大，马克思主义法学观点始终在中国法学领域占主导地位。我国的法的定义最初借鉴了苏联法学家维辛斯基的关于法的定义。维辛斯基认为："法是以立法形式规定的表现统治阶级意志的行为规则和为国家政权所认可的风俗习惯和公共生活规则的总和，国家为了保护、巩固和发展对于统治阶级有利的和惬意的社会关系和秩序，以强制力量保证它的施行。"① 我国学者在吸收这一成果的同时加以创新和发展，基本形成了自己的法的统一定义。在一般的法理学教材中对法的定义的描述大同小异，如孙国华、朱景文主编的《法理学》认为："法是由国家制定或认可并由国家强制力保证实施的，反映着统治阶级（即掌握着国家政权的阶级）意志的规范系统，这一意志的内容是由统治阶级的物质生活条件决定的，它通过人们在相互关系中的权利和义务，确认、保护和发展对统治阶级有利的社会关系和社会秩序。"② 张文显所主编的《法理学》认为："法是国家制定、认可并由国家保证实施的，反映由特定物质生活条件所决定的统治阶级（或人民）意志，以权利和义务为内容，以确认、保

① 〔苏〕维辛斯基.《国家与法的理论问题》. 北京：法律出版社，1955 年版. 第 100 页。

② 孙国华、朱景文主编.《法理学》. 北京：中国人民大学出版社，1999 年版. 第 50 页。

护和发展统治阶级（或人民）所期望的社会关系和社会秩序为目的的行为规范体系。”[①] 在我国法学界，关于法的本质方面，虽然有关于法的本质的层级之争，但其实质都是相同的，都直接来源于马克思主义关于法的本质的论述。马克思和恩格斯在《德意志意识形态》中指出：“占统治地位的个人除了必须以国家的形式组织自己的力量外，他们还必须给予他们自己的由这些特定关系所决定的意志以国家意志即法律的一般表现形式”，“由他们的共同利益所决定的这种意志的表现，就是法律。”[②] 他们还在《共产党宣言》中明确指出：“你们的观念本身是资产阶级的生产关系和所有制关系的产物，正像你们的法不过是被奉为法律的你们这个阶级的意志一样，而这种意志的内容是由你们这个阶级的物质生活条件来决定的。”[③] 列宁也曾经对法的本质作出过精辟的论述，他指出：“法律是什么呢？法律是统治阶级的意志的体现。”[④] “法律就是取得胜利并掌握国家政权的阶级的意志的表现。”[⑤] 我国法学界以无产阶级经典作家的论述为基础，形成了自己的法的层级本质理论。以三层本质说为例，法的第一层本质首先是国家意志的体现。法律是被国家制定或认可的行为规范，在整个国家范围内具有统一遵循的效力，体现了国家的意志。法的第二层本质是统治阶级意志的体现。阶

① 张文显主编.《法理学》(第 3 版). 北京：高等教育出版社、北京大学出版社，2007 年版. 第 75 页。

② 《马克思恩格斯全集》第 3 卷. 北京：人民出版社，1960 年版. 第 378 页。

③ 《马克思恩格斯选集》第 1 卷. 北京：人民出版社，2012 年版. 第 417 页。

④ 《列宁全集》第 17 卷. 北京：人民出版社，1990 年版. 第 145 页。

⑤ 《列宁全集》第 16 卷. 北京：人民出版社，1990 年版. 第 292 页。

级国家的具体法律虽然可能存在反映统治阶级意志较好或较差的情况，甚至违背其意志的情况，但总体上说，都是统治阶级意志的体现。也就是说，只有反映了统治阶级意志的东西才能被国家制定和认可为法律。法的第三层本质是物质生活条件的决定性。统治阶级的意志和法不是凭空产生的，是以一定的生产关系和所有制关系为基础的。法所体现的统治阶级意志、被奉为法律的统治阶级的意志，其内容是由当时的物质生活条件所最终决定的。

从这里可以看出，我国法学家和西方法学家在法的概念和法的本质方面存在着明显的区别。主要有以下几点：(1) 我国法学界以马克思主义哲学为哲学基础，而西方法学界以唯心主义为哲学基础。这种哲学基础的差别导致了在众多基本概念和基本理论方面存在较大差异。(2) 西方法学认为法和法律是截然不同的两个事物，法律是实际存在的人定法，而在人定法之外还存在有永恒的自然法，人定法只是永恒法的永久追求、渴望和接近，永恒法远远高于人定法。我国法学界一般认为法和法律具有统一性，法是一切法律、法规的总和。(3) 西方法学界把法的本质看成是超阶级和脱离于物质之外的永恒正义，并且是恒定不变的。我国法学界认为法的本质是和阶级具有不可分割的关系的，并且法的最终本质在于物质生活的规定性，不存在脱离于物质之外的法的本质。

三、法与政策的区别与联系

在西方学界，法社会学派一般把政策作为法的重要渊源之一，而分析法学派一般否认政策是法的渊源。西方学者所论述的法与政策的关系中所提到的政策一般仅指国家政策，如移民政策、开发政策等。我国学者对于法和政策关系的论述主要存在于法学家们的著作中，并且其中的政策一般多指执政党的政策。我国法学教材一般从三个方面论述法与政策的关系。(1) 社会主义法和执政党政策的一致性。(2) 社会主义法与执政党政策的区别。(3) 社会主义法和执政党政策的联系。如孙国华、朱景文主编的《法理学》认为："社会主义法与执政党政策的一致性主要表现在：它们都产生于并服务于社会主义社会的经济基础；都体现着广大劳动人民的意志和要求；它们的基本指导思想和价值取向是一致的；它们所追求的社会目的从根本上说也是一致的。"① 张文显主编的《法理学》认为政策与法律的区别有四点："一是二者所体现的意志的属性不同。法律是由国家制定和认可的，通过国家机构反映的人民的意志。而政策本身是党的主张，不具有国家意志的属性。二是二者的表现形式不同。政策作为党的文件，是以纲领、宣言、声明、指示、建议等形式出现的，它的内容相对来说比较原则，带有号召性和指导性。法律具有确定性和规范性，是公开的。三是二者的实施方式不同。法律由国家强制力保证实施，政策的贯彻执行则不是依靠国家强制力。四是二者调整社会关系的范围不完全相同。由于党对国家、对社会的领导主要是依靠政策来实现，因此党的政策在社会生活的许多领域发挥着作用。法律一般是调整那

① 孙国华、朱景文主编.《法理学》. 北京：中国人民大学出版社，1999 年版. 第 156 页。

些对社会整体状况有直接和普遍影响的社会关系。”[①] 孙国华、朱景文主编的《法理学》在关于法和政策联系方面认为：“第一，执政党政策是社会主义法的核心内容；第二，社会主义法是贯彻执政党政策，完善和加强党的领导的不可或缺的基本手段；第三，执政党政策的充分发挥作用，能够促进社会主义法的实现；第四，正确认识社会主义法与执政党政策的关系，要求既不把二者割裂、对立起来，也不把二者简单等同。”[②]

从上述论述中我们可以看出，虽然我国学者对法与政策的关系进行了很多研究，也取得了丰硕的成果，但仍有不足之处。主要有以下几点：一是对政策和法的关系理解片面化，缺乏一般性的法与政策关系的分析。在分析二者关系时没有从全面的角度看问题，其表现为把政策等同于执政党政策。执政党政策只是政策的一种形式，应该从广义的政策角度分析政策和法的关系。二是对政策和法的本身理解抽象化。政策和法本身都是具有内部构成的复杂系统，各有其具体化的内容。比如政策可以分为宏观政策、中观政策和微观政策等，政策过程可以分为政策制定、政策执行、政策评估、政策监控、政策终结等复杂步骤和构成。另外，法也可以分为根本法、基本法和非基本法等类型，法的实现过程也可以分为法的制定、法的遵守、法的执行、法的适用等具体化过程。对政策和法本身的抽象化的理

① 张文显主编.《法理学》(第 3 版). 北京：高等教育出版社、北京大学出版社，2007 年版. 第 374 页。

② 孙国华、朱景文主编.《法理学》. 北京：中国人民大学出版社，1999 年版. 第 157 页。

解必然带来对二者关系的简单化处理。三是在二者关系处理中采取了简单化的方式。政策和法的关系应该是一种辩证的、互动的复杂关系，而非简单的孰优孰劣、谁决定谁的简单化关系。如果不能采用辩证分析的方法理解政策与法的关系，我们会错误地得出简单化的，甚至我们自己也难以信服的矛盾结论。四是研究者的视角应该更为广阔，要从不同学科的角度看问题。目前我国学者关于法和政策关系的学说主要集中在法学界，由于自身学科的限制，难免会对政策在二者关系中作用的理解上失之偏颇。研究者由于受到学科分界和知识储备的限制，极可能受到本位主义的影响，对二者关系作出利己主义的分析。鉴于以上几点，笔者认为在理解法与政策的关系时应该注意以下几点：一是要深化对法和政策本身的深刻理解。对二者关系的理解必须建立在对关系主体本身的深刻理解上才能取得正确的结论。政策和法本身都具有复杂的内部系统和运作过程，在二者相互关系中，离不开具体要素的相互作用和互相影响过程，所以必须在对政策和法进行深刻剖析的基础上才能得到正确的关系本质。不能简单地用整体的方式来判断二者的效力和优劣。二是采用多学科的视角全面审视二者的关系。在研究法与政策的关系时应该兼采法学、政策学、政治学、系统学等多学科知识进行解读和论证，防止出现视角的偏差和理解的失误。三是对法和政策的关系应该采用辩证的方法加以研究。在二者关系中不是简单的决定与被决定、一方优越而另一方处于劣势的单相关系，而是相互作用、相互影响的辩证关系。

首先，政策和法有着明显的不同。除了一般著作中主张的意志属性不同、表现形式不同、实施方式不同、稳定性不同以外，笔者认为更应该强调二者各自的优点和缺点。政策的优点在于：一是灵活性较强，能够很快适应社会环境的变化。灵活的方向转变能使政策主体的意志及时与周围的时空结构协调起来，从而使政策主体及时调整方向，实现现实与主观愿望的动态平衡，增强对策的针对性、时效性和方向性。二是政策具有先导性。政策主体的正确导向能使政策客体朝向预期的方向发展和前进，使社会生活潮流沿着统一的、目标明确的轨道有序前进。三是政策具有柔和性。在政策体系中，有些政策措施只是一种导向和象征，只代表政策主体意志的方向，而不强求一切社会成员都马上遵照执行。政策这种柔和性在政策主体愿望和政策客体实际之间形成缓冲空间，有利于社会矛盾的缓和和消融。同时政策也有自身的缺点。一是政策的原则性较强，不利于具体的执行和贯彻。原则性较强使得政策对具体行为的规范性较差，使人们的行为缺乏明显的行为界限，不能通过强有力的责任追究程序防范非预期的不利性后果。二是政策的稳定性较差。政策在具有灵活性的同时，也带来了负面效应——稳定性较差。政策的多变性使得人们对政策形成了不信任状态。政策的不稳定性使得政策难以形成长期效应，往往只能形成短期的轰动效应，只能在短时间内形成较大的影响。三是政策的权威性缺陷。政策由于缺乏法的国家意志的本质，使得其正当性大打折扣。政策往往只代表一个政党和政府的意愿和意志，缺乏全社会共同意志的形式要件，在社会中其公信力远远比不上法律。四是政策制定缺乏严格的程序性。由于政策的制定缺乏严格的程序性，往往出自政党内部决议和政府的单方面决定，没有社会公众的充分参与和协商、表决过程，缺乏严格的程序控制。在越来越强调程序正义的现代社会，程序上的缺陷使得政策的社会公信力受到了挑战。法律相对于政策而言，一方面政策的弱点恰好是法律的优势所在，另一方面法律也有自身的难以克服的缺点。一是法的滞后性。法自身的特点决定了它总是滞后于社会的发展步伐，很多社会新生事物难以用法的手段进行及时调整和规范。如果仅仅以法作为社会行为唯一的调控手段将造成部分社会的失范和混乱。二是法的不周延性。由于法不可能面面俱到，必然会出现某些需要进行规范的社会行为缺少法的规定。任何法治社会都不可能使法达到穷尽社会形态的地步，因此，法的不周延性是法必然存在的缺陷。三是法的僵化性。由于法强调统一性，使得法常常为了实现形式正义而不得不牺牲实质正义。在法实现某种积极价值的同时，很可能由于其僵化性而付出相应的代价。四是法的抽象性。法是对众多具体社会实际生活的高度概括，法不可能对社会生活做出生动的描写和讲述，只能以抽象的语言对丰富的社会生活进行高度的概括，在取得简洁性的同时带来了法的抽象性。

其次，法和政策具有高度的同一性。除了上述所论经济基础、所反映意志、价值取向、指导思想以外，还有以下几点：一是二者都是统治阶级重要的社会调控手段，共同致力于有利于统治阶级的社会秩序的实现和维护。虽然二者的调控方式和调控强度有所区别，但都是统治阶级的社会调控工具。二是法和政策都各有优劣。如前所述，法和政策可以成为互补的手段，也可以成为互相斗争的借口和依据。政策和法在社会中的作用一方面取决于其自身的特性，另一方面取决于运用者的主观目的和客观状况。三是法和政策都以利益调整的方式实现国家社会生活的和谐运行。国家和社会管理活动是一个复杂的系统过程，其中有许多利益关系需要协调，以保证整个国家和社会生活的和谐。政策和法都是统治者所拥有的有力利益调整工具。法和政策调整的本质在于各方利益的协调，以达到社会的有序和稳定。

最后，在法和政策联系中除了上述几点以外，有以下几点必须强调。一是不同历史时期，法和政策的效果不同。法和政策哪一个是更为适合的国家调控手段？对这一问题的回答不能简单一言概之，需要根据不同的时空条件来选择不同的答案。其中，时间维度就是一个重要的条件。例如，在一个政权的构建过程中和构建之初，或是由于新的政权建立者治国理念中政策和法的地位不同，没有形成国家意志的能力；或是由于政权新的领导者不具备实现法制完备的条件，都为政策的积极作用的发挥提供了舞台。例如，新中国成立前夕，1949 年 2 月中共中央发布的《中央关于废除国民党〈六法全书〉和确定解放区司法原则的指示》中指出："在无产阶级领导的以工农联盟为主体的人民民主专政政权下，国民党的《六法全书》应该废除，人民的司法工作不能再以国民党的《六法全书》作依据，而应该以人民的新的法律作依据，在人民的新的法律还没有系统地发布以前，则应该以共产党的政策以及人民政府与人民解放军所已发布的各种纲领、法律、命令、条例、决议作依据。在目前，人民的法律还不完备的情况下，司法机关的办事原则，应该是：有纲领、法律、命令、条例、决议规定者，从纲领、法律、命令、条例、决议之规定；无纲领、法律、命令、条例、决议规定者，从新民主主义政策。”[①] 这一明确性规定就是政策在特定时期发挥独特作用的最好写照。再如，在一个国家和社会发生重大转变时，由于国家前进方向的调整和社会思想意识的转变是一个缓慢的过程，在这个过程中政令处于频繁的变动之中，政策此时亦可以大有作为。法律的外在特征决定了不可能朝令夕改，要保持一定的稳定性。而社会转型期的社会矛盾的处理和调整又必不可少，这时政策就可以发挥其应有的作用。这也许是我国的民法典在刑法典出台后很久难以成形的原因之一。二是对于不同社会行为，法和政策的规范效果不同。社会行为的种类多种多样，不同的社会行为所适合的调整方式也不同。法的规范性决定了法在规范性调整方面具有重要的作用。一般具有普遍性、经常性的重要社会行为适合用法的形式进行规范性调整。而对于某些非常具体化的个别行为和特殊性社会行为，则需要进行个别性调整。政策的灵活性决定了它可以在个别性调整中发挥更大的作用。三是法和政策都需要吸收对方长处和优点。虽然法和政策有着明显的区别，但二者没有天然的鸿沟。在保持自身特征的同时，也需要双方互相吸收对方长处。例如，法的稳定性给法带来公信力的同时，也可能带来严重的滞后性。为了克服这一缺陷就需要吸收政策的灵活性特点，对法进行及时的立、改、废。再如政策具有灵活性的同时，也带来了政策的多变性和社会公信力的弱化等不足之处。为了解决这一问题就需要政策兼采法的优点，使某些对国家和社会生

---

① 中央档案馆编.《中共中央文件选集》(第 18 册). 北京：中共中央党校出版社，1992 年版. 第 152 页。

活有重要影响的政策保持连续性和稳定性，使政策具有较强的生命力。四是法和政策在动态过程中实现二者的协调关系。法和政策作为两种社会调整手段，其理想状态应该是一种协调关系，这种协调关系的实现需要在动态中实现。对特定社会行为调整是一个行为，同时也是一个过程。在社会行为调整过程中应根据不同发展阶段的特点，甄别使用不同的调整手段，并且实现手段的最优化，调整结果最佳化。例如，在某一先进社会观念刚提出时，人们的思想意识难以认识到位，如果采用法的强制手段进行调整，往往会起到相反的效果。在通过政策的推广与普及之后，社会认识提高到一定程度之后，就需要及时进行立法，采用法的调整手段进行规范性调整。五是应当加强对政策科学的研究并在实际工作中注重政策的科学化建设。党和国家的政策目前来说是我国重要的社会调整工具，具有不可或缺性。即使是我们认为具有高度法制性的西方国家，政策在社会生活中并没有消失，反而有复兴的趋势。我国现阶段理论中对政策的广为诟病实际上并不是政策的原罪，而是政策运用的失误。在我们还离不开政策时，政策的科学性建设就显得十分重要。政策科学化是指政策体制和政策过程符合科学性要求。陈振明在《政策科学——公共政策分析导论》一书中提出："所谓决策的科学化是指决策者及其他参与者充分利用现代科学技术知识及方法特别是公共决策（政策科学）的理论和方法并采用科学合理的决策程序来进行决策。"① 从科学性来讲，包括哲

① 陈振明主编.《政策科学——公共政策分析导论》(第二版). 北京：中国人民大学出版社，2003 年版. 第 651 页。

学层次高度的科学性和具体研究方法的科学性。哲学层次的科学性如唯心主义与辩证唯物主义的对立性，具体研究方法的科学性如随时代发展不断出现的新的研究方法。在此，科学性是指具体研究方法的科学性。20 世纪 40 年代，学术研究领域研究方法的突破在于出现了一种新的跨学科性质的研究方法，即系统论、控制论和信息论。这三门新兴的学科最大的特点在于跨越了自然科学和社会科学之间的鸿沟，成为炙手可热的研究方法和工具。20 世纪 60 年代到 70 年代，在前者的基础上，又出现了新的突破，出现了三种新的理论和方法，即耗散结构论、协同学和突变论。这些最初来源于自然科学的理论现在被广泛应用于社会科学研究的各个领域，给人们提供了全新的研究视角与方法，取得辉煌的成就。本书的政策科学化，以上述几种基本研究方法为基础，结合政策科学的特点，简单论述政策的科学性要求。

政策科学化的实现，需要符合以下几个基本原则。一是政策体系符合系统性原则。系统论认为，系统整体由有机联系的要素组成。部分相对于整体而言，它既是整体的基础，同时部分也离不开整体，只有存在于整体之中，构成要素才能充分显示其存在意义，离开整体的部分则会失去它在整体中所具有的各种功用和效能。整体相对于部分而言，它绝不是部分的简单相加，而是形成了组成要素本身所不具备的新的特质。这种特质或者表现为整体具有了新的性质，或者表现为出现了量的改变。从这一理论来看政策的科学化，从宏观角度讲一项政策处于各种政策所组成的政策体系之中，必须处理好各项政策之间的协调关系。从微观的角度讲，每一个政策都是一个政策系统，由各种要素有机结合而成。政策的科学性要求形成相同层次政策之间的横向协调关系，也要求形成不同层次政策之间的纵向协调关系。政策体系中的各项政策和政策的构成要素之间能够互相配合、互相促进，使政策体系和政策产生明显大于部分的整体性效应。二是政策要具有可控性。依据控制论的理论，社会经济系统都是受党和政府管辖的可控系统。系统控制是通过信息采集和对信息的加工处理并将其应用于系统之上，使系统的性能得以改善或实现系统的目标。在控制系统中，施控部分和受控部分之间通过信息的方式进行交流与交换能量。施控部分一方面采集来自外部的信息，在对其加工的基础上形成控制信息，将其施加于受控部分，达到有效控制受控部分的目的。另一方面对受控部分的反馈信息进行收集，并与预期目标进行对比，在出现偏差时及时进行修正，发出新的控制信息。受控部分一方面是受控于施控部分的被动接受者，另一方面又是反馈信息的主动发出者。控制系统通过施控方和受控方的作用与反馈运行，实现了系统的良性化。具体于政策系统而言，要求政策在做到具有稳定性的同时，必须能够及时进行调整，以确保政策功能的正常发挥。政策主体、政策客体和政策环境之间要形成良好的能量、信息交换关系。当政策环境发生变化时，政策也必须及时做出相应的调整与改变，在两者之间达到动态平衡。在政策执行过程中要注意对政策客体的信息反馈的收集和处理，对不适合政策客体的政策决策及时进行调整。三是政策要具有层次性。系统层次性原理是指每个系统都可以看成更大系统的组成要素，系统中的每个要素都可以看成更小的系统，即子系统。系统的层次性越高，结构越复杂，其功能也越强。

具体于政策系统而言，要求做到政策体系的结构形成若干个层级，如宏观政策、中观政策、微观政策等，在每个层级还可以继续分级。通过政策层级化达到政策内容的丰富化和功能的强大化。

第二节 政策法制化

一、法制的概念

在我国法学界，法制一词被长期使用，特别是在20世纪80年代和90年代初期的法学研究成果中。法制在当时的法学研究成果中有两种含义，一种是广义的概念，另一种是狭义的概念。在20世纪90年代中期以后的法学成果中，不再区分广义的法制和狭义的法制概念，改而区分法制和法治的不同。到目前为止，学术界关于法制的统一性概念并未形成。

在我国法学界所使用的法制一词一般有三种含义。一是指法律和制度或者仅指法律制度。如说到一个国家的法制完备，基本是指一个国家的法律制度或法律和制度比较完善。这种意义上的法制主要是指静态意义上的法律或法律与制度，相当于英语中的legal institution，意指国家制定或认可的规则。二是指法的运行的总过程，包括由立法、执法、司法、守法、对法律实施的监督等若干环节构成的过程。如我们常说的某国是法制社会，就是指该国具有相当完备的法律体系。这种意义上的法制概念是动态意义上的法律或法律与制度，相当于英语中的legal system，意指一个国家的全部法律制度，包括全部的法律以及与法律的制定、执行、适用、遵守和维护等有关的各项制度。三是指依法办事的原则。如我们常说的社会主义法制的基本要求是“有法可依，有法必依，执法必严，违法必究”。这种意义上的法制概念是一种原则，相当于英语中的 rule of law，基本上接近法治一词。

对于法制的概念，学术界主要在上述三种含义的取舍方面有很大的争论，在其他方面也有一些不同意见。第一种意见认为，法制即一个国家或地区的现行法律规范的总和，即上述第一种含义。法理学家以外的人通常采用这一定义，把法制看成静态的法律制度。第二种意见认为法制除包含法律制度以外，还应该包括法的实践过程总体。如张文显认为：“法制，相当于英文中的‘legal system’，一是指法律制度的简称，二是指法律的体系、体制与架构的整体。”[①] 并且他对法制与法律制度的区别作了详细的论述。他认为在法理学中，法制即法律制度的简称这一说法很少使用，法制一词在法理学有着特定的含义。首先，法制一词具有感情色彩，而法律制度是一个中性的、不带感情色彩的描述性词汇。其次，法制一词是一个动态和静态都包括的概念。它不但包括静态的法律制度的总和，而且包括法律运行、法律秩序、法律实效等内容。再次，法律制度对法律只有数量上的要求。法制除要求法律完备以外，还要求法律的权威性。最后，法制是与法律上的平等对待相联系的。[②] 第三

① 张文显主编.《法理学》. 北京：高等教育出版社、北京大学出版社，1999年版. 第 398 页。

② 参见张文显主编.《马克思主义法理学——理论与方法论》. 长春：吉林大学出版社，1993 年版 . 第 362–366 页。

种意见认为法制不但包括静态的制度整体和法的实践过程，而且包括法律意识等上层建筑。如孙国华、朱景文主编的《法理学》指出，“法制是一个国家或地区法律上层建筑的各个因素所组成的系统，从其构成看，起码包括法、法律实践及指导法和法律实践的法律意识。”[①] “从内涵上来看，法制一词不仅包括一个国家或地区的法（法律规范），而且包括法在实际生活中的运行，保证法律运行的国家机器，一个国家的法律文化传统，占主导地位的法律意识，法学教育，法学研究等。”[②] 此外，在其他一些小的方面也存在争论，如法制是仅包括法律，还是也包括制度；法制是否包括法律秩序等。在此，我们对于上述观点的优劣不加评述，只对本书的概念使用作出相关说明。在本文中的法制一词的理解，包括以下两个方面：(1) 法制一词不单指法律规范，而且兼指制度。在现代语境中，由于重要的制度都规定在相应的法律中，所以“法律和制度”一词和“法律制度”一词基本同义，没有区分的必要。但本书由于论述清代民族政策的法制化，所以两种含义中需要采用前一种含义，以便对非法制社会进行深入的研究。(2) 在法制的上述三种含义取舍中，本书采用第二种意见，即法制指一个国家的法律规范整体和法律运行过程。笔者认为，法律意识更加带有意识形态的含义，它与法治一词的关系更为紧密。结合本书研究的对象，笔者认为采用第二种意见更为合适。

---

① 孙国华、朱景文主编.《法理学》. 北京：中国人民大学出版社，1999 年版. 第 74 页。

② 孙国华、朱景文主编.《法理学》. 北京：中国人民大学出版社，1999 年版. 第 73 页。

二、政策法制化的内容

在法制一词含义限定的基础上，政策法制化是指政策的制度化和政策的法律化。从现代政治理论的角度看，具体而言，政策法制化应该包括以下几方面的内容，一是政策的制度化，二是政策的合法化，三是政策的法律化。政策法制化是政策在上述三个方面的有机结合与互相促进。

（一）政策的制度化

政策制度化是通过制度设计避免政策的随意性、不固定性，使之向普遍认可的固定化模式转变的过程。政策制度化是政策调控手段发展和成熟的表现和过程，是政策使社会生活规范化和有序化的过程。“制度化是组织和程序借以取得重要性和稳定性的过程。”[①] 政策制度化是一种思想意识向社会实践转化，把意识物质化的过程。政策制度化实现了主观向客观的转变，实现了社会理想向社会实践的飞跃。

政策制度化包括三个实施步骤，首先是政策理念的树立。政策制度化的前提是政策主体要使其政策指向和政策理想由个体价值取向扩大为社会普遍性的共识。由个体意识向社会普遍意识的转化可以通过政策主体的宣传、教育、示范和鼓励来完成。在复杂的社会整体中，由于利益的多元性，不可能出现面面俱到的政策设计，只可能通过博弈来实现利益的最大化。为了能得到社会普遍成员的认可，需要政策主体的政策理念尽可

---

① 〔美〕塞缪尔·P. 亨廷顿著.《变动社会的政治秩序》. 张岱云等译. 上海：上海译文出版社，1989 年版. 第 14 页。

能照顾到绝大多数人的利益，或者照顾到社会中占强势地位的社会群体的多数人的利益。“复杂社会中的政治共同性取决于该社会中政治组织和程序的力量；转而，这种力量又依赖于这些组织和程序所得到的支持范围及其制度化水平。”① 完全靠强制手段来推行极端维护个体利益的政策理念是不会具有长久生命力的。其次是政策理念的规范化。这里的规范化是指由不规则的社会意识转化为规则的社会规范的过程和结果。在社会意识统一到政策主体所主张的政策理念指引的方向后，及时使隐性的社会意识转化为显性的社会规则成为必要。通过规范的设立可以使社会共同的价值观念真正转化为在其指引下的行为准则，将人们的行为抽象性地进行统一。在制定规则的过程中，由于政策规范的抽象性，可能牺牲部分实质正义，这是不可避免的。完善的政策规范不在于面面俱到，各方利益都受到照顾，而在于通过适当权衡使利益得到最大化的产出。最后是政策实施所需的机构的成立。政策规范在大多数情况下会得到社会成员的遵守，但由于政策可能不符合社会整体的或大多数人的利益需求，社会规范极有可能被人为突破和破坏。如前所述，再完善的政策规范也不可能照顾到所有人的利益，这也使得保证政策实施机构的设立成为必要。政策机构的设立包括机构的成立、人员的配备、物质性设施的供给等要素。只有通过政策机构的成立和有序运行才能使政策规范不被人为破坏和突破，在政策规范被突破后通过纠错程序恢复社会的原有秩序。政策规范在

① 〔美〕塞缪尔·P. 亨廷顿著.《变动社会的政治秩序》. 张岱云等译. 上海：上海译文出版社，1989 年版. 第 13 页。

社会中的实现不一定需要政策机构的参与，但缺少政策机构的政策规范不可能成为真正有效的社会规则。

（二）政策合法化

政策合法化是西方政策科学研究的经常性课题，但西方学者对政策合法化含义的理解并不一致，甚至并未提出政策合法化的概念。在我国政策学研究领域，不同的研究者，由于对政策概念的理解不同和对合法化概念的理解不同，对政策合法化的定义界定差别较大。张金马认为："政策合法化是指经政策规划得到的政策方案上升为法律或获得合法地位的过程。它由国家有关的政权机关依据法定权限和程序所实施的一系列立法活动与审查活动所构成。"① 兰秉洁和刁田丁认为："政策合法化就是通过法定程序，提交有关机关讨论通过，并以公报、决定、决议等形式向全社会发布，使政策决定得到公认的合法地位和全国人民的认可、接受和遵照执行的效力。"② 陈振明认为："所谓的政策合法化是指法定主体为使政策方案获得合法地位而依照法定职权和程序所实施的一系列审查、通过、批准、签署和颁布政策的行为过程。"③ 从上述概念的列举我们可以看出，目前我国政策科学领域的学者大部分认为政策合法化更多的是一种程序，对此，笔者认为除了这一含义外，政策合法化还具有

---

① 张金马主编.《政策科学导论》. 北京：人民大学出版社，1992 年版. 第 172 页。

② 兰秉洁、刁田丁.《政策学》. 北京：中国统计出版社，1994 年版. 第 127 页。

③ 陈振明主编.《政策科学——公共政策分析导论》（第二版）. 北京：中国人民大学出版社，2003 年版，第 228 页。

一种状态的含义。也就是说政策合法化一方面表现为一种获得权威性的程序，另一方面表现为得到某种权威性的状态。基于上文中的法制化概念，笔者认为政策合法化包括三个部分的内容，政策主体的合法化、政策制定过程的合法化和政策内容的合法化。

政策主体的合法化要求政策制定者是享有法定权限的法定主体。首先是政策主体必须是依法成立和被依法授权。由于各国政治制度、政治体制、经济发展状况和文化传统等方面的差异，享有法定权限的政策主体各不相同。我国宪法和组织法对哪些机关享有政策制定权进行了详细规定。其次是政策主体必须依照法定的权限制定和颁布政策。在制定权限方面应该注意以下几个方面，上级与下级之间的分工和配合，同级部门之间的职权划分，不同地区部门之间的地域管辖权的规定，地方与中央部门之间的职权划分，不同性质部门之间的分工配合等。政策主体合法化要求各政策主体要按照法律的规定，在各自的法定权限内制定和颁布政策，不能超越权限，不能越俎代庖，也不能在制定和颁布政策时不作为。

政策过程的合法化要求在制定政策过程的各个环节都符合法律的要求。在政策制定环节，具体包括政策议案的提出、政策议案的审议、政策议案的表决、政策议案的通过、政策的公布等步骤。政策在社会生活中起重大作用，所以政策制定的各步骤都有相关的硬性规定。政策议案的提出是享有提案权的个人和机关提出制定某种政策的建议或一并提出相应的政策内容以备审议。并不是任何个人和机关都可以随意提出正式的政策议案。如政府的预算议案只能由具备相应法定资格的部门提出。

政策议案的审议是对政策议案进行审查和评议，以决定是否把新政策制定列入议事日程，是否对政策议案的内容进行修改等活动。审议的标准主要有以下内容，是否具有必要性，是否具有可行性，是否符合法律的规定，是否符合公共利益要求等。政策议案的表决和通过是通过法定的方式对政策议案进行认定。行政机关的政策议案的表决和通过由于受法律规定的领导体制的影响，个人意志发挥着相当大的作用。政策议案的公布是把已经制定的政策通过法定的途径在社会或其他范围内进行公开。政策议案的公布范围依据法律的规定，可能在整个国家范围内公布，也可能在一定的地域范围内公开，也可能在机关内部公开。公开的方式依法律规定可能通过新闻媒介，也可能通过上传下达，也可能采用会议记录等方式。

政策内容的合法化是指政策的内容不得和法律的规定相抵触或者和法律的基本精神、原则相违背。法律禁止的事项，政府不能作出许可性的决策；法律鼓励的事项，政府不能作出禁止性的决策。政策内容的合法性不只是指政策和现行法律规定的具体内容不得相矛盾，而且包括不得和法律的基本精神、原则相违背。

（三）政策法律化

政策法律化，又称为政策立法，是指享有立法权的国家机关依照法定权限和程序，把需要制定为法律的政策，通过立法的形式把政策上升为国家法律，使这些政策获得法律的形式和效力。

政策法律化的基础有两点，一是政策和法律的共通性，否则政策不可能跨越其界限成为法律，这是政策法律化的基本前提和基础。二是政策和法律本身存在差异，各自拥有特有的价值，当政策需要利用法律的优势和价值时，政策法律化就成为必要和正当的行为。政策和法律的共通性前文已有论述，不再重复。法律与政策相比具有一些自身特有的优越性，法律的这种优越性不是人们常说的绝对超越性，而是具有比较意义的优越性。法律与政策的不同基本属性在于政策更侧重于个别性调整，而法律更侧重于规范性调整。调整属性的不同使法律具有以下几个方面的特点。一是法律比政策的稳定性更强。法的规范性调整的性质决定了法律不能朝令夕改，必须具有相当程度的稳定性，否则人们会感到无所适从。一部法律制定和颁布以后，将在很长时间内作为调整人们该类行为的强制性规范，即使随着时间的推移，该法律不再适合社会发展的需要，也必须经过法定程序的修改、废止。相对来说，政策的稳定性法律不及，因为政策需要根据社会生活不同时段的需要及时作出调整，更带有个别性调整的特色。我们在这里强调的是法律和政策的区别，是在比较意义上的稳定性，绝不是说政策一点都不具有稳定性，或者说政策都是个别性调整，没有规范性调整。政策和法律的这种特性差别使得政策更容易和人治与专制相联系，法律更容易和法治与民主相联系。这也是众多学者和我国政府提出建立法治国家的原因。在以政策为主的国家社会生活中，当权者的思想意志对国家生活的控制力更强。当权者的思想意志发生改变时，可以随时以政策的形式对国家社会生活进行改变，使得人们对政策的信任降低，人们始终处于不稳定的状态之下，对自己的社会生活也不能进行长期性的安排。在以法律治理为主的国家中，人们可以按照法律的规定，适当安排自己的生活计划，对自己的生活做出长远的规划。人们不必担心一觉醒来自己的计划化为了泡影。法律的稳定性给社会带来了稳定和信心，使社会生活变得带有计划性和稳定性。二是法律比政策具有明确性。法律用简洁的语言将人们的权利与义务规定下来，并且在全社会公之于众，成为人们遵守的行为规则。法律规则和政策原则有着根本性的不同。法律规则通过假定条件、行为模式、法律后果三个要素构成了一个简洁但是清晰的法律规范。它清晰地告诉人们，什么行为是禁止性的，什么行为是义务性的，什么行为是授权性的。在法律规则面前，一种行为要么被否定，要么被肯定，不会存在模糊性的规定。在法律的世界里不会出现两个相互矛盾的法律规则同时适用于一个行为。而政策更多的以原则的形式作用于社会和人群，政策渗透着更多的人格化因素，政策主要靠人们的内心信念及相对宽缓的处分措施保证其贯彻执行。因此，政策用语便呈现出一定程度上的感召性、模糊性特征，甚至会引起一定的歧义。在生活中经常会出现两个相互矛盾的政策原则可以同时适用于一个行为的例证。三是法律比政策拥有更为完善的体系。一个国家的法律规范所调整的社会关系是复杂多样的，在面对复杂多样的社会生活时，法律形成了既有差别，又有协调性和统一性的完整法律体系。一国现行法律规范的协调性和同一性表现在：一是调整社会关系的法律思想、法律原则和法律概念是统一的；二是普遍性很大的法律规范在普遍性较小的法律规范中得到具体化，法律规范之间存在着纵向的等级从属关系；三是法律规范之间还存在着横向的协调、协作关系；四是法律规范之间互相联系和相互制约，遵守、适用或者违反一些法律规范，会引起另外一些法律规范发生作用。[①]在保证法律规范的同一性的前提下，一国的法律规范全部又构成了各有特色、各有差别的各部门法。这些互有差别又互相统一的法律规范，通过部门法的形式构成了一个国家的法律体系。法律体系反映了一国现行法律规范的内在统一和差别，说明法的统一性和系统性。而政策无论在内容上还是形式上都难以形成像法律那样相互联系、相互协调、门类齐全、层次分明的严谨而统一的系统。各要素的互相牵制、内部耗散必将损害系统功能的发挥。四是法律具有可救济性。在一个国家的法律体系中不但包括了完善的实体法，而且一定包含了丰富的程序法。当实体法所规定的权利被侵犯或者没有履行法定的义务时，可以通过司法救济的形式挽回社会正义的损失。由于具有完善的司法救济途径，法律才被人们作为实现和恢复正义的首选手段。而政策往往规定得比较原则和模糊，更没有相关性的程序性规定。政策救济手段的不完善使政策的落实缺乏可操作性，容易为人们所忽视。五是法律的公开性。为保证法律的制约和监督，公开性是法律的题中应有之义。法律调整的公开性是显而易见的，它表现在法律调整的各个阶段如法的制定、法的适用、法的遵守等阶段。而政策的公开性是有限制的，即使是现代国家中，政策调整也不可能在任何场合都具有与法律调整同等的透明度。

政策法律化是国家立法活动的一部分，是典型的立法活动。它不仅包括由政策转化为新的法律，也包括参照新的政策对旧

① 孙国华、朱景文主编.《法理学》. 北京：中国人民大学出版社，1999 年版. 第 294 页。

法修改、废止、认可、补充的活动。政策法律化的主体是依法享有立法权的国家机关，相对于政策主体的范围要小得多。政策法律化的对象是具备法律化的条件和有法律化需要的政策。政策和法律的不同特点决定了二者有各自擅长的领域，不能把所有的政策都法律化。无视政策和法律的区别，盲目崇拜法律，认为任何政策都应当法律化，不仅不利于政策优势的发挥，而且是对法律的破坏，更是不可能真正完成的。在以下几种情况下，可以认为存在政策法律化的必要性和可能性。一是对于国家基本问题的政策规定。国家基本问题关系到国家社会生活的整体性面貌和国家的基本前进方向，在现代宪政政治占主导地位的国家中，各国多会把执政党的执政理念和关于国家基本问题的基本政策，用宪法的形式固定下来。新中国成立之初，立法机关尚未成立，就通过《共同纲领》把中国共产党的执政理念和关系国家基本问题的规定用法律形式固定下来，出现了我国第一部社会主义宪法性文件。二是在国家和社会生活中带有经常性和稳定性的事项，可以将相关政策法律化。虽然世界上各国的政治模式多种多样，各具特色，国家和社会生活中具有共性的问题普遍存在。国家和社会生活中的这些经常性、稳定性的事项在社会生活中占有基础性地位，政策主体也经常将这方面的政策法制化。这种政策法律化的例子很多，如宪法中关于公民基本权利的规定，刑法中关于自然犯罪的规定，民法关于这方面的内容更多。三是经过实践检验，已经比较成熟，具备了法律化条件的政策的法律化。在政治生活中，正像自然科学实验中的试错法一样，存在着政策试错。由于各国的政策环境千差万别，一个国家的成功政策不可能完全适用于另外一个国家。即使在一个国家内部各地区或一个国家和地区的不同时段，政策环境也可能存在较大差异，也不可能使政策完全统一化。正是政策环境的这种复杂化使得政策实施经常处于试错的状态，正像邓小平所说的“摸着石头过河”。一项新的政策，当政策实施完成一个周期后或经过更长时间的检验，已经证明是符合时空条件的要求时，为了把这种经验保存下来，使之固定化，政策就需要及时转化成法律的形式。总之，这种政策的法律化是在实践中不断对政策进行修改、完善、修正，经实践证明是行之有效时，才可以通过政策立法的形式转化为法律。在我国，这种政策法律化的例子在改革开放过程中最多，如关于市场经济方面的政策、关于对外开放的政策、关于环境保护的政策等的法律化。这种政策的法律化是我们应当研究的重点内容。

政策法律化是实现政策与法律有机衔接的方式，它对推进一个国家的法制化进程具有重要的意义和作用，一方面，它可以使国家的法律体系逐步趋于健全和完善；另一方面，它有利于化解在法治建设中存在的政策与法律之间的冲突，实现政策与法律的有效整合。可以说，政策法律化的水平和程度直接体现了国家实行社会法治化的能力。在国家的法制建设中，应该对政策法律化予以高度重视，确保政策法律化科学、合理、有效地进行。

第三节　清代民族政策和清代民族政策法制化的界定

清代民族政策法制化研究需要对清代民族政策和清代民族

政策法制化进行清晰的界定，理解二者的内在含义对清代民族政策法制化的研究具有基础性的作用。

一、清代民族政策的界定

（一）清代民族政策的定义

清代民族政策是在政策概念的基础上加以纵向的时间限制和横向的内容限制后具体化的结果。余梓东教授曾在其专著《清代民族政策研究》中对清代民族政策进行了详细的界定，认为：清代民族政策“是以清朝皇帝为首的封建统治阶级为调整民族关系，规范和引导社会成员对待和处理民族问题态度、行为的准则以及遵守、执行这些准则的策略、措施的总称，体现了以清代皇帝为首的封建统治阶级在处理民族问题方面的意志、利益和认识水平”。[①] 该定义完整体现了清代民族政策的内涵和外延，使清代民族政策定义得到了完整而清晰的展现。

1. 清代民族政策主体

政策主体是对政策客体和政策对象进行认识和实践，具有主动性的、有意识能力的、能动性的人。清代民族政策的主体是指直接或间接地参与清代民族政策制定、执行、评估和监控的个人、团体或组织。在现代政策科学中，政策主体一般可以分为官方主体和非官方主体，如安德森在其《公共决策》中将政策制定分为官方和非官方两大类：官方政策制定者是指那些具有合法权威去制定公共政策的人，包括立法者、行政官员、

① 余梓东著.《清代民族政策研究》. 沈阳：辽宁民族出版社，2003 年版. 第 49 页。

行政管理人员和司法人员；非官方政策制定的人或组织，包括利益团体、政党和作为个人的公民。[①] 由于清代的政治体制和时代特征与现代社会有着根本的区别，所以现代政策科学中的政策主体与清代民族政策主体有着根本的区别。清代民族政策主体仅指政策的官方主体，包括皇帝、官员、中央政府和地方政府。清朝皇帝是制定清代民族政策的最主要的主体，这是由清朝政府的封建制政权所决定的。在中国的封建制政权中，皇帝具有至高无上的权力，口含天宪，可以制定和实施社会管理任何方面的政策措施。清代民族政策中的绝大部分内容出自清朝的历代皇帝，是皇帝对民族问题的认识的体现。清朝政府官员虽然没有直接的政策制定权，但他们可以通过政策建议、政策讨论、政策反馈等形式来影响政策的制定和执行。在清代的民族政策中，来源于清朝政府官员的建议部分占有很大的比重，如清朝治藏政策最后的定型，其主要内容即来源于福康安在平定西藏叛乱后的建议。清朝的中央政府是以皇帝为首的封建统治阶级进行社会管理和统治的专门机构。在这些机构中，有些机构可以兼理民族事务管理，如六部中涉及民族事务管理的部分；有些机构是专门性的民族事务管理机构，如鸿胪寺和理藩院。清朝中央政府可以通过执行皇帝的诏令、在皇帝授权下自己制定和执行民族政策等方式而成为清代民族政策的主体。在清代的民族政策体系中来源于专门性民族事务管理机构理藩院的内容极为普遍。作为清代民族政策主体的清朝地方政府主要

---

① 〔美〕詹姆斯 · E. 安德森著.《公共决策》. 唐亮译. 北京：华夏出版社，1990 年版. 第 44–58 页。

指清代民族地区的地方政府。清朝地方政府是中央民族政策的直接执行者，同时也是将民族政策具体化的政策主体，在清代民族政策主体也发挥着一定的作用。

2. 清代民族政策对象

清代民族政策的对象是指清代民族政策所直接作用的人和物。清代民族政策的调整对象包括存在于清代的众多民族。政策对象和政策客体的不同之处在于，政策对象是更为直接的人或人群，而政策客体是指政策所作用的社会关系。清代民族政策的对象既包括满族，也包括汉族、蒙古族、藏族、维吾尔族和西南诸少数民族，简而言之就是清代的所有民族，当然重点是几个人口较多的民族。满族是清代的统治民族，同时又处于少数民族的地位。这种政治上和经济、文化、人口等方面状况的不相匹配决定了如何定位满族具有重要意义。清朝统治者为了解决满族面临的矛盾状况，在民族政策中需要采取高超的技巧来处理这一调整对象。在实践中，清朝统治者通过与其他民族统治者联合执政的方式来解决满族自身矛盾所带来的困境。其中，满族的联合阵营中，不但包括蒙古族等被视为天然同盟的各少数民族，而且包括之前长期处于统治地位和敌对关系的汉族。清朝统治者对满族这一调整对象的清醒认识是制定合理、有效民族政策的基本前提。清代的汉族是人口最多的民族，也是经济、文化、科技处于领先地位的民族，但此时的汉族已经失去了统治民族的地位，成了被统治民族。政治上的弱势和经济、文化、人口上的优势决定了汉族不可能长期被排除于国家生活的主流之外。如何因势利导，以小博大，有效利用汉族，同时又不使其对自己的统治产生根本威胁，这是清朝政府在民族政策实践中需要认真解决的问题。清代的蒙古族虽然失去了元代时期的强大军事实力，但其实力仍然不可小觑，况且它仍然控制着中国北方广阔的领土，对新疆的回部和西藏地区也有重要的影响。当时的蒙古族由于内部互相争斗，民族整体出现了明显的裂缝。在清朝统治者眼中，蒙古族就像一把失去了方向的利刃，可能成为自己的威胁，也可能成为自己的统治工具。针对蒙古族的状况，清朝统治者对蒙古族采取了“顺者以德服，逆者以兵临”的政治策略，最终使蒙古族成为自己最可靠的同盟者。清代民族政策的最大亮点就在于对蒙古族的争取，可以说清代的对蒙政策成就了清朝统治者数百年的统治。藏族处于西南边陲之地，生活区域位置偏僻、环境恶劣，一向处于中央王朝民族政策的重点之外。清朝统治者看重的不仅在于西藏是国家不可分割的一部分，更在于藏族文化对青海地区和蒙古草原的影响力。通过藏传佛教的串联作用，清朝统治下的西北地区成为不可分割的一个整体。通过文化的联系使一些民族形成了一种共同体，减少了民族的离心力。清代民族政策中对藏传佛教既尊崇又加以控制的策略显示了清朝统治者高超的统治能力和政策水平。同样，清代民族政策其他调整对象也具有相当的重要性，在此不再赘述。

3. 清代民族政策客体

清代民族政策客体是指清代民族政策发生作用的民族问题和民族关系。民族政策的意义就在于它是处理民族问题和协调民族关系的重要手段之一。清代民族政策的客体既包括统治民族与被统治民族的相互关系，也包括被统治民族之间的相互关系；既包括汉族和少数民族之间的关系，也包括少数民族之间的关系。在清代民族政策的客体中各民族的统一问题，也包括对各民族的有效管理和各民族的发展问题。在清代民族政策客体的众多民族关系，调整和处理统治民族之间的关系是为了最终解决统治民族和被统治民族的关系，如在处理蒙古族和藏族的民族关系时，最终的着眼点在于如何通过二者关系的处理和协调来实现对这两个民族的有效统治和管理。承认和帮助和硕特蒙古在西藏的统治地位，根本目的在于通过间接途径实现对西藏的控制，通过渐进式的方式将西藏纳入自己的统治范围之内。清朝政府的汉族政策和少数民族政策也是具有关联性的，如对蒙古族实施优待政策根本上是为了以蒙古族为工具实现对汉族的统治，这种特征在清朝的中前期表现得非常明显。在清代后期，随着对汉族统治的稳固，蒙古族也逐渐失去了其原有的地位和优势。在清朝的中前期，民族政策所作用的重点在于各民族的统一问题。通过有效的民族政策，清朝政府最终实现了各民族历史上空前的统一。统一各民族之后，实现对各民族的有效管理成为新的重点。但遗憾的是，清朝统治者并没有把对各民族的有效管理建立在各民族发展的基础之上，而是一味强调稳定，忽视民族发展问题，留下了令人扼腕痛惜的历史遗憾。

4. 清代民族政策环境

清代民族政策环境是指影响清代民族政策产生、存在和发展的一切因素的总和。清代民族政策环境大体可以分为自然环境和社会环境两部分。清代民族政策的自然环境是指各民族所处的地理位置、自然条件、交通状况等民族生存环境和民族交往场所。我国各民族自古以来就共同居住于这片古老的中华大地上，四面的自然屏障使我国形成了一个相对封闭的自然地理单元。尽管各民族的生产生活方式多种多样，但由于同处于一个地理单元之内，民族之间的交往和互动十分频繁。各民族都认为自己是这片土地的主人，视这片土地上的各民族为自己的同胞。自然环境的差异也使各民族之间形成了很好的互补性，促进了民族之间的产品交换和相互往来。清代民族政策的自然环境主要包括政治状况、经济状况、文化状况等各种社会因素。清代是中国最后一个封建制政权，这使清代的民族政策带有鲜明的封建制特征，如皇帝在民族政策制定、执行中的绝对权威性。清代的经济特征是以小农经济为主的封建制经济，这种经济模式的特点对清代的民族政策也有某种影响，如清朝政府对边疆的封禁政策和对回部的隔离政策就是建立在这种经济模式基础之上的，在要求高度自由流动的资本主义经济下，这种政策是不可能长期存在下去的。总之，清代民族政策环境对清代的民族政策有着一定的影响。

（二）清代民族政策的分类

清代民族政策的分类是根据不同的划分标准将清代的民族政策进行归类的结果。根据不同的分类标准，清代民族政策可以进行多种类别划分。

1. 根据政策内容的分类

根据民族政策所涉及的内容，清代的民族政策可以分为民族政治政策、民族经济政策、民族文化政策、民族教育政策等类别。清代的民族政治政策是清朝统治者对民族间政治权利方面的政治安排，体现了不同民族的政治地位和政治待遇。清代民族政治政策内容很多，比如首宠满洲、满蒙联合执政、任用汉官、在不同民族地区采用不同的管理模式等。在清代，民族政治政策占有重要地位，其他民族政策很多都是为了服务于政治政策。民族政治政策的基本走向决定了其他民族政策的根本内容。民族经济政策是民族内部和民族间经济交往方面的政策规定，如对边疆的封禁政策、对回部的经济隔离政策、清朝末年的移民实边政策等。经济政策往往是政治政策的辅助手段，配合于政治政策而发挥作用。民族文化政策是对民族文化方面进行的政策安排和政策规定。文化政策和经济政策一样，一般都是为了服务于特定的政治政策。清代的民族文化政策很多，这也是清代民族政策中的亮点部分，如对孔孟文化的承认和吸收、对藏传佛教的尊崇和控制、对回部伊斯兰教的保护和其社会地位调整等。文化政策比其他政策的影响更深，敏感性更强，涉及范围更广。

2. 根据政策层级的分类

根据清代民族政策不同层级，清代的民族政策可以分为宏观政策、中观政策和微观政策。清代民族宏观政策是对清代民族问题和民族关系中带有根本性内容的政策性规定。它是清代民族政策体系中根本性的部分，决定着其他政策的内容和方向。余梓东在其专著《清代民族政策研究》中将清代民族宏观政策总结为“恩威并用，剿抚并施”。他认为：“无论是清朝政府对汉族、蒙古族、藏族或其他少数民族的政策，还是其在民族事务方面的政治统治政策、行政管理政策、经济贸易政策、文化教育政策、宗教信仰政策等，都在内容方面和执行方面不同程度地与“恩威并用、剿抚并施”总政策发生直接或间接的联系。”① 中观政策和微观政策都要与宏观政策相协调、相匹配，受制于宏观政策。清代民族中观政策是在宏观政策的统领下，在社会管理某些方面的基本性规定。清代民族政策中所涉及的各个方面都有基本的政策规定进行规范。如政治方面的联合执政、分而治之，经济方面的互相隔离，文化方面的兼容并蓄，宗教方面的尊崇与控制并重等。清代民族政策的微观部分是在宏观政策和中观政策统领下的具体性规定，是其具体化的结果。清代的微观民族政策内容更加丰富，更加具有操作性。由于数量太多不再一一列举。

3. 根据政策任务不同的分类

根据清代民族政策所要完成的使命和任务的差别，可以将清代的民族政策分为民族统一政策、民族管理政策。民族统一政策是清朝统治者在完成国家统一过程中，针对不同民族所形成的斗争策略。在清代的民族统一政策中不但有政治、军事等常见内容，更难能可贵的是文化政策的合理运用。通过合理、有效的民族统一政策的实施，清朝政府最终完成了亘古未有的中华民族深层次的大一统，为中华民族的形成和发展作出了卓越的贡献。清代的民族管理政策也是清代民族政策的亮点之一。清代民族管理政策把中国历史上的因俗而治推到了一个新的高度，比前人有了明显的发展。清代的民族管理政策在历史上因俗而治的基础上，分类更加细致，分类标准更加合理，政策措施更有针对性。

上述清代民族政策的分类只是一些简单的列举，不可能穷

① 余梓东著.《清代民族政策研究》. 沈阳：辽宁民族出版社，2003 年版. 第 266 页。

尽清代民族政策的分类方法。清代民族政策的分类研究对清代民族政策理解的深入化应该很有帮助。

二、清代民族政策法制化的界定

清代民族政策法制化是指通过适当的制度安排和法律制定将民族政策固定化和规范化的活动或过程。清代民族政策法制化是实现清朝民族事务管理专业化、规范化的重要途径。清代民族政策法制化包括三个方面的内容，清代民族政策的制度化、清代民族政策的合法化、清代民族政策的法律化。

（一）清代民族政策的制度化

清代民族政策的制度化是通过适当的制度设计和制度安排使民族政策得以稳定和固定的过程和结果。清代民族政策制度化是将清朝统治者的政策思想、政策理念、政策措施通过制度规范、制度设计、制度推广使之在社会中成为普遍认可和遵守的社会规范的过程。其具体过程可以分为政策理念的社会化、政策理念的规范化和政策实施的机构化。政策理念的社会化是通过政策宣传、政策教育使统治阶级的政策思想在社会中取得共识的过程。政策理念的社会化可通过多种方式进行，如清朝统治者为了推行自己的“满汉一家”政策，通过多种方式来使这种思想社会化，如以“千叟宴”的形式表示对汉文化的认可，雍正和乾隆专门著文来证明“中外一家”自古就是事实，清朝皇帝通过在承德建立寺庙来表示对藏传佛教的尊崇态度等。政策理念的规范化是将原则化和不具有强制力的政策理念转化为具体的、具有强制力的社会规范的过程。政策思想和政策理念在性质上只是一种社会思想，只对社会行为具有引导作用，而不具有规范作用。通过政策理念的规范化使政策理念具有了社会规范的性质，使之具有了在社会生活中进行推广的前提。清代民族政策理念的规范化，包括制度和法律两种形式，这里我们仅指政策理念的制度化形式。由于清代民族法较为发达，清代民族政策规范化一般表现为尚未立法前关于民族事务管理的规定，也有一些规范始终未能成为民族法。如清朝政府在青海和西藏地区的民族事务管理，其基本依据是理藩院关于这些地区的专门性民族立法，但这些法律大多条文较少，规定比较原则，所以存在大量的政策性规范。政策实施的机构化是建立专门性的管理机构，组织专门的管理人才进行民族事务管理、推行民族政策规范的过程。政策规范不可能在社会的任何地区和任何时间都得到遵守，对政策规范的违反和破坏的现象总是会出现。为了保证政策规范的实施和政策规范的权威性，必须建立相应的机构来保证政策规范在社会中实现。清朝的民族事务管理机构在中央层面由理藩院作为专门的民族事务管理机关。理藩院内部分工明确、功能齐备，是中国历史上有史以来最为健全的民族事务管理机构。在地方层面，一般没有专门的民族事务管理机构，民族事务管理由行政机构兼理。

（二）清代民族政策的合法化

清代民族政策的合法化是指清代的民族政策过程是以法律规定为根据的，政策过程受到法律的严格约束和控制。清代民族政策的合法化表现之一是政策制定主体的合法化。清朝皇帝是当然的民族政策制定者，具有基本不受法律控制的民族政策制定权。清朝的理藩院作为专门的民族事务管理机构，享有极大的政策制定权，它多次被皇帝以诏令的形式赋予民族政策制定权和政策执行权。清朝其他机构和人员的政策制定、执行权也有明确的法律规定。清代民族政策合法化的内容之二是政策过程的合法化。当然由于清朝政府的封建制政权的性质和社会管理经验的原因，政策过程有时并没有完善的规定，比较明显的如皇帝政策权力的运用。但清朝作为中国封建社会的顶峰，其社会管理和政策过程还是有章可循的，封建统治者的管理智慧也是不可小觑的。在清代，除皇帝以外，其政策制定、政策实施、政策评估、政策调整等也是有详细规定的。清代民族政策合法化的内容之三是政策内容的合法化，即在民族法确立以后，新政策的内容不得和法律的规定相冲突，或者和法律的基本精神相违背。在清代，虽然皇帝享有几乎不受控制的政策制定权，但其行为也不是完全失控的。清朝皇帝的政策行为和其制定政策的内容也要受到法律的一定限制，不过其表现为另外一种形式。清代皇帝在制定政策时常常要受到已经部分法律化的“祖制”的限制，这种现象在皇帝力推改革时屡见不鲜，有时在朝廷中会展开激烈的思想斗争和辩论。这里的“祖制”有很多内容实际上已经法律化，遵守“祖制”就是内容合法化的一种表现。皇帝尚且如此，下级官员的政策内容当然更需要符合“祖制”的要求，不得违背和逾越。同样法律的基本精神也不得违背，否则会受到相应的惩罚。例如，有些地方官员违背了清朝民族法的基本精神，受到了严厉的惩罚。我们可以从雍正皇帝给四川提督黄廷桂主张在民族地区发展工商业奏折的批示看出遵守“祖制”精神的重要性。雍正皇帝给其的御批中写道：“此奏识见庸愚卑浅之至。雷波黄榔等处地方界连新抚凉山诸彝，只宜示以镇静，何可与之争利？今虽听民间开采，则各处入川无业之必比群相趋赴，万一生出事端，所关甚钜。宪德、黄廷桂，汝等可将金竹坪、白蜡山、蛮彝司、金竹坝、会龙堡、阴戏岩、炒米厂、木香冈新厂、墩化皮厂等处铅铜之厂严行封禁，倘少阳奉阴违，奉行不力，倘致骚扰，汝等身家性命不足抵过也。”①

（三）清代民族政策的法律化

清代民族政策的法律化是通过清朝的立法机关的立法活动，把清朝政府的民族政策制定为法律的过程。政策法律化一般具有三种形式，第一种是将政策原则法律化，这种政策法律化的成果一般体现于宪法当中；第二种是将事关社会管理重要事项的政策制定为法律；第三种是将经过实践检验正确的政策转化为法律。在清代的民族政策法制化实践中，由于清朝政府的封建制政权性质与现代的宪政政治有根本的不同，所以民族政策法律化的第一种形式并不多见。关于民族事务管理的根本性原则在清代法律中并没有体现。清代民族政策法律化一般表现为第二种形式和第三种形式，即民族事务管理的基本规定和具体民族事务管理措施的法律化。前者的例子如地方性专门民族法中民族地区管理方式的法律化，如《回疆则例》中关于伯克制度的规定，再如针对西藏地区立法中的政教合一管理体制的规定等。后者的例子更多，如对于少数民族首领优待的政策法律化，对于喇嘛事务管理事项的法律化等。在清代的民族政策法律化实践中，绝大部分民族政策都被转化为法律的形式，并且政策转化来的法律规定相当细致。具体化和可操作性是清代民族政策法律化的明显特征和优点所在。

---

① 中仁主编.《雍正御批》下. 北京：中国华侨出版社，1999 年版. 第 800-801 页。

第二章　清代民族政策发展回顾

第一节　清代民族政策的发展过程及阶段性特点

清代民族政策的完整发展过程应该包括三个阶段，一是清军入关建立全国性政权前的后金政权时期的民族政策。二是从顺治元年到 1840 年，从清朝统治者统一全国、在全国施政到出现外患危机这段时间。这段历史长达近 200 年，是清代民族政策发展的主要阶段。三是从 1840 年到清朝统治终结。

一、入关前的民族政策

清代民族政策是一个完整的系统，这个系统具有丰富的内容，并且这些内容有着不同的来源。清代民族政策的历史渊源既有对中国历代王朝民族政策的吸收和借鉴，又包括对清政府前身政治成果的继承和创新。

清朝政府源自后金政权是众所周知的事实，清代的民族政策不可能不带有原政策的影子。在研究清代民族政策时，需要看到它对中国历代王朝民族政策的继承和完善，更应该看清它的直接前身——后金政权民族政策对它的影响。

（一）入关前的历史

建立清朝的满族是有着悠久历史、生活在我国东北的一个古老民族。满族的直接先民是明朝末年的女真人。王锺翰先生认为："女真的族源，主源是黑水靺鞨，与先秦时的肃慎，汉至晋的挹娄，北朝时的勿吉，隋至唐初的靺鞨，有渊源关系。"① 明朝的女真人主要分为三大部分，建州女真、海西女真和东海女真。他们生活在东自东海，西至辽边，北抵蒙古、嫩江，南达朝鲜、鸭绿江的东北广大区域内。明代的女真各部经过多次的军事兼并与政治联合，在已经出现的长期的诸部落间经济、文化、政治交流基础上，最终由努尔哈赤基本实现了各部的统一。努尔哈赤于 1616 年建立了大金政权，史称后金政权，标志着满族的形成与发展进入新的阶段。

努尔哈赤所建立的后金政权当时仍属于奴隶制政权。为了得到数量充足的奴隶，新建立的后金政权把目光投向了当时地大物博、人口众多、封建经济发达，但军事实力已经处于衰势的明朝。1618 年，努尔哈赤以"七大恨"为理由，正式对明朝宣战。1619 年的萨尔浒战役，后金军取得了决定性的胜利。1621 年，后金军连续攻占了辽河以东沈阳、辽阳等大小 70 余座城堡，辽东地区基本被纳入了后金政权的辖区以内。1625 年，为了巩固胜利成果，努尔哈赤力排众议，迁都沈阳。1626 年，努尔哈赤亲率大军进攻辽河以西的宁远，不料在宁远城下大败于袁崇焕。同年 8 月，努尔哈赤怀忿殁于沈阳附近。1626

① 王锺翰主编.《中国民族史》. 北京：中国社会科学出版社，1994 年版. 第 467 页。

年 8 月，努尔哈赤第八子皇太极继位。其继位后，继续实行努尔哈赤晚年的攻明政策，多次进入关内掳掠人口和财物。皇太极经过长达 10 年的战争，占领和控制了东北绝大部分地区。1636 年 4 月，皇太极在盛京（今沈阳市旧城）举行盛大仪式，改国号为清。到 1644 年清军入关前，南起鸭绿江边，东濒海岸，北抵黑龙江流域，西迄今内蒙古西北，西南抵山海关的广大区域，都处在清朝的统治之下。[①]

（二）入关前民族政策背景

后金政权的民族政策是由当时的民族和社会背景所决定的。了解入关前后金政权所面临的社会形势对正确理解其民族政策大有益处。

从当时的政治形势看，后金政权虽然是新兴的有生力量，但在政治力量上却处于劣势。明王朝虽然当时已经风雨飘摇，但它仍然是中央王朝的代表者。蒙古各部尽管内部矛盾重重，互相争权夺势，但他们仍然控制着西北广阔的蒙古高原，军事实力仍然远远强于后金政权，是明王朝的有力竞争对手。在当时，由于后金政权相对于其他政治力量，在经济、军事等方面存在着明显的差距，决定了在政治实力方面后金政权也处于守势和劣势，特别是在后金政权建立前和后金政权建立初期，这一特征更为明显。在后金政权建立前，女真族内部尚未完全统一。明王朝虽然没有武力统一东北的实力，但在力量对比上绝对处于优势地位。明王朝为了遏制女真族，采取多种手段来削

① 王锺翰主编.《中国民族史》. 北京：中国社会科学出版社，1994 年版. 第 740–746 页。

弱其成长势头。一是直接干预。明王朝通过直接军事进攻和内部瓦解女真族各部团结的策略对成长中的女真族势力进行打击。二是封锁控制。明王朝通过停止朝贡、互市等手段对女真族进行经济封锁和控制。三是联合其他地方势力对女真族进行打击和削弱。在明王朝的策动下，朝鲜国和蒙古各部也对女真采取了武力进攻。在后金政权建立后，虽然女真各部实现了统一，但从政治实力上看，仍然和明王朝及蒙古各部无法相抗衡。在这种形势下，如果女真族不采取正确、有利的策略和政策措施，就会处于被动挨打的局面，甚至民族的生存都会受到威胁。

从经济实力对比来看，后金政权也不具有优势。满族在进入辽沈地区以前，长期以渔猎经济为主，兼营采集、农耕、畜牧。虽然在后期农耕经济有了一定程度的发展，但在社会生产中并不占主导地位，只是渔猎经济的补充形式。在当时，刚刚学会农耕经济模式的满族，在农业生产技术上和明朝的农耕经济是不能相提并论的。在满族进入辽沈地区以后，形成了与汉族杂居的状况。在汉族的影响下，农业技术才逐步得到了提高，农耕经济也逐渐由辅助地位转变为占主导地位的生产方式。

从社会形态方面看，当时满族还处于由奴隶社会向封建社会转变的过渡期。在进入辽沈地区以前，满族的基本社会形态属于奴隶社会。在进入辽沈地区以后，随着与汉族接触的增多，逐渐开始向先进的封建社会转变，但直至入关前，满族的社会形态仍然具有浓厚的奴隶制色彩。在满族进入辽沈地区以后，为了发展奴隶制经济，曾将当地的归附汉民和到关内虏获的汉民大量强制为奴，这种严重危害汉民切身利益的行为激起了广大汉民的强烈反抗，他们纷纷逃走或进行抵抗。皇太极继位后，才对这一政策进行了及时调整，将部分汉民编民为户，委任汉官对其进行管理，缓和了满汉之间的矛盾。但从整体上说，当时的满族仍然处于奴隶社会向封建社会转变的过渡期。

（三）入关前的民族政策主要内容

从民族政策的目标来看，由于当时的满族在实力方面不仅与明朝，而且与蒙古诸部、朝鲜国相比都存在着明显的差距，在互相激烈争斗的民族格局中取得民族的生存权和发展权是首要的政策目标。在获得民族生存权的前提下，为了使这种权利具有稳定性，就必须通过各种有效方式，壮大民族力量，扩展民族生存空间。实际上当时满族的这种扩张性民族政策客观地讲应该是一种经主观努力的被动的应对之策。

从民族政策的内容来看，尽管其具有原始性和不完善性，但其内容还是极其丰富的，其主要内容可以分为以下几个方面：（1）在本民族内部整合民族力量，完善统治方式。努尔哈赤起兵后，通过数十年的征战，以恩威并施，“顺者以德服，逆者以兵临”[①] 的策略，基本统一了建州女真、海西女真和东海女真，使女真各部大体实现了力量的聚合与集中。随后又创立了八旗制度，把被统一后的各部组织和控制起来。在皇太极继位后，对原有贵族民主制进行了革新，通过加强汗权、完善等级制度和改革国家机构等方式，使国家权力集中于皇帝手中，为集中民族力量进行民族奋斗做好了准备。（2）对汉族采取根据不同对象实施不同的策略。对以皇帝为首的明王朝政权进行蚕食和坚决的斗争，对以知识分子为主的汉族官僚通过各种手段利诱、

① 《清实录》.《清太祖实录》卷1. 北京：中华书局，1985年版. 第25页。

笼络和加以利用，对一般汉民由疯狂掳掠、剥夺、压迫向编民为户转变，对汉族文化虚心学习和采纳。由于明王朝对女真族采用分而治之的高压统治政策，努尔哈赤及其继任者皇太极要实现内部统一和民族生存和发展，必须和明朝政权进行坚决的斗争。在女真人还未统一之前，努尔哈赤经常采用妥协的手段麻痹明朝政府。在内部基本统一后不久，努尔哈赤就发表了“七大恨”，作为对明斗争檄文，开始对明王朝进行蚕食和斗争，通过不到十年的军事斗争占领了辽河以东的广大区域。在皇太极继位后，一方面继续向西发展，同明王朝进行斗争；另一方面统一东北，巩固战略后方。皇太极在努尔哈赤统一黑龙江下游的基础上，进一步统一了黑龙江中上游地区，绥服了贝加尔湖以东广大地区，形成了“自东北海滨，迄西北海滨，其间使犬、使鹿之邦，及产黑狐黑貂之地，不事耕种鱼猎为生之俗，厄鲁特部落以至斡难河源，远迩诸国，在在臣服”[①] 的局面，为后金政权的进一步发展，建立了稳固的大后方。汉族官僚和知识分子是当时掌握最先进文化的特殊群体，在后金政权和明王朝的斗争中，汉族官僚和知识分子是难得的政治资源。在努尔哈赤和皇太极时期，尽管在笼络利用汉族官僚知识分子及对他们的信任程度上有较大差别，但二者都把对汉族官僚和知识分子的笼络与利用作为富集政治资源的重要手段。在努尔哈赤时期，他陆续擢用了范文程、宁完我等一批汉族文人，并不惜以将孙女嫁给抚顺守将李永芳为手段对其进行笼络利用。在皇太极时期，对汉族文人官僚的笼络利用更为有力和明显。

① 《清实录》.《清太宗实录》卷 61. 北京：中华书局，1985 年版. 第 829 页。

皇太极继位后，及时调整了努尔哈赤统治后期疏远汉官、汉将的政策，通过优待归降的汉族官僚和知识分子、开科取士、任用汉官等一系列措施使政治对手的政治资源为己所用。在对待一般汉民的政策上，努尔哈赤时期和皇太极时期有着明显的差别。在努尔哈赤时期，受奴隶制生产方式的影响，对于一般汉民多采取杀戮和强制为奴的手段。在皇太极时期，由于清醒地认识到了这种野蛮手段带来了汉民的强烈反抗，加剧了满汉之间的民族关系紧张程度，开始对努尔哈赤时期的相关政策进行调整。皇太极将汉民编为民户，同时为了避免满族官僚对汉民的巧取豪夺，委任汉官对这些汉人进行管理，实行满汉分治的行政管理体制。这些措施有效地保护了社会生产力，缓和了满汉之间的民族矛盾，加快了社会的封建化转变进程。在后金时期，对先进的汉族文化采取了吸收和借鉴的态度。一是在生产技术方面的学习，如农业生产中对汉族的先进农耕文化进行吸收。特别是在进入辽沈地区以后，满族人学会了单棵等距播种法，改变了广种薄收的落后生产方法。天聪年间，皇太极亲自谕令八旗说："洼地当种粱、稗，高田随地所宜种之，地瘠须加培壅，耕牛须善饲养。"① 通过政令的渠道提高农业生产技术和质量。二是在国家机构的设置方面采用汉制。1631 年，皇太极采纳汉官建议，仿照明制设立吏、户、礼、兵、刑、工六部，统一管理全国的军事、民政、刑狱等事务。1629 年，皇太极在努尔哈赤时期书房机构的基础上设立文馆，主持翻译汉文书籍、记注本朝政事。1635 年，皇太极将文馆扩大为内三院：内国史

---

① 《清实录》.《清太祖实录》卷 1. 北京：中华书局，1985 年版. 第 179 页。

院记注皇帝起居诏令，纂修书史；内秘书院撰拟往来书状、皇帝敕谕、登录疏奏；内弘文院注释历代政事得失、御前进讲、颁行制度。[①]（3）对蒙古族采用文化、政治、法律多种手段逐步将蒙古由威胁变为支柱，最终将其纳入自己的统治范围。对蒙争取的成功主要体现在政治上，他们通过恩威并施的策略将蒙古贵族纳入自己的政治同盟。对蒙古贵族的优抚包括联姻、赏赐、封爵、保护等方法，惩罚包括征讨、处罚等方法。满族和蒙古族的政治联姻在努尔哈赤统一女真各部时已经开始实施，直到清朝统治结束一直得以保持。满蒙政治联姻对满族登上全国政权领导者的宝座发挥了非常重要的作用。在明朝末年，蒙古各部仍然保持着强大的军事实力。蒙古各部在明朝与后金较量中的向背直接决定着双方的力量对比。作为新兴的政治力量必须借重于强大的蒙古势力，后金政权才能在与明王朝的争夺中占据主动地位。同时在蒙古各部内部，由于对汗权和领地的争夺，长期处于分裂状态，内部互相征伐不断，这种长期的内部混乱给后金政权提供了良好的介入条件。后金政权时期的满蒙联姻从最初的漠南蒙古科尔沁部逐步扩展到了漠南蒙古诸部。据统计：从明万历十一年至后金天命十一年（1583—1626 年）的 43 年中，满蒙联姻多达 39 次，平均每年 0.9 次[②]。努尔哈赤和皇太极用剿抚并用的政策，和蒙古诸部满族结成了政治联盟。对于归附的蒙古诸部首领给予很高的礼遇，并厚赏财物。与后金有联盟关系的蒙古诸部在受到外来威胁时及时出兵进行帮助。

---

① 王锺翰主编.《中国民族史》. 北京：中国社会科学出版社，1994 年版. 第 749 页。

② 华立著.《清代的满蒙联姻》.《民族研究》，1983 年，第 2 期：第 42 页。

对到后金领地抢掠财物或者出兵进攻后金的蒙古诸部进行坚决的军事打击。通过软硬两种政策，到入关前已经有许多的蒙古诸部加入满蒙联盟的行列。在蒙古诸部归附后金以后，后金统治者又积极采取措施，对已归附地区和人口进行有效管理。特别是在皇太极时期，他根据满族八旗制度的组织原则，结合蒙古诸部游牧经济的特点，在已经归附的蒙古地区实行旗盟制。“漠南蒙古的统一及蒙古八旗的编立，为金国扩大了兵源，增加了兵马，加强了满蒙联姻，消除了来自北方的威胁，对金国的巩固和强大，以及对明朝的征讨，均起到了重大作用，从此以后，金国汗可以攻明了”。[①] 为了成功绥服蒙古各部，针对在蒙古地区藏传佛教有着广泛而深刻的社会影响的特点，后金政权统治者采用了文化上利用和发展藏传佛教的手段对蒙古各部进行接近与笼络。甚至，为了绥服蒙古各部，不惜到遥远的西藏去布局，可谓用心良苦。虽然后金时期的法律制度不完善，但仍是维护满蒙同盟的重要手段。法律手段在满蒙联盟的建立和维护过程中发挥了一定的作用。在后金政权时期，努尔哈赤和皇太极制定了一系列维护满蒙联盟的政令，成立了专门管理蒙古各部事务的机构——蒙古衙门以及后来的理藩院。

（四）入关前民族政策的主要特点

1. 政策的创新性

后金政权的民族政策和历史上的传统民族政策有相似之处，但在某些方面突破了传统民族政策的局限，具有一定的创新性。

---

① 白寿彝主编.《中国通史》第10卷上. 上海：上海人民出版社，1996年版. 第117页。

和亲政策早在春秋战国时期就已有雏形，在中国历史上从汉到唐宋一直流传下来，但传统的和亲政策多是汉族皇室女嫁入少数民族的单向和亲。而后金政权的满蒙联姻属于典型的双向联姻，联姻的频率和广度也远远大于历史上的传统和亲。这和后金政权的统治者同样属于少数民族有密不可分的关系。在后金政权领导者眼中，满蒙联姻不只是一种符号和象征，更是两个民族血与情的真实结合。在后金政权实施满蒙联姻政策过程中基本看不到彼此民族贵贱的区分，更多的是平等民族之间的政治联合的促进手段。羁縻政策在中国民族政策史中具有基础性的地位，但数千年的历史证明，这一政策并未彻底解决中国自古以来的历史难题，即南方农耕民族和北方游牧民族之间的冲突和战争。后金政权的民族政策不但带有羁縻政策的影子，而且在此基础上加以发展，通过盟旗制度对蒙古诸部进行了有效管理，使游牧的蒙古诸部相对固定下来，成为后金争取稳定后方的支撑力量。

2. 政策的逐步完善性

在入关前的民族政策发展过程中，后金政权的民族政策经历了一个长期的由不完善到逐步完善的过程。在后金政权建立初期，由于统治者的认识水平和客观条件的限制，后金政权的民族政策具有野蛮性和简单粗暴性的特征。如在努尔哈赤统治时期，后金政权的民族政策就出现了明显的失误。如对战俘的杀戮、强制归附的汉民为奴、剃发政策、制定和实施严厉的《逃人法》、在出现个别汉官背叛后疏远和怀疑汉官等。这些不足和缺点是后金政权统治者阶级局限性和时代局限性的直接表现，我们不必苛求古人做到十全十美。在皇太极继位后，他清醒地认识到了努尔哈赤时期错误的民族政策所带来的不利影响，开始调整和完善后金政权的民族政策。例如，改变将归附的汉民强迫为奴的做法，调整为编户为民；调整怀疑汉官的做法，改为笼络和信任汉官等。尽管有些方面仍然没有多少变化，如剃发政策，但这种政策的逐步完善性是不可否认的。

3. 政策的被动性

我们在肯定后金政权统治者在民族政策方面取得成就的同时，应该清醒地看到后金政权在入关前的民族政策具有被动应付的特点。后金政权民族政策的这种特点是由当时的政治形势决定的。在入关前，后金政权在政治上处于弱势，解决民族生存问题是后金政权最重要的问题。在这种形势下，后金政权首要解决的问题是如何运用各种方式来富集尽可能多的政治资源和社会资源，改变其在与明朝政府较量中的力量对比。制定和实施正确的民族政策是富集政治社会资源的手段之一。当时的后金政权领导者努尔哈赤和皇太极可能都未想到有一天会入主中原，建立全国性政权。这种被动性是由决策者的时代局势所决定的。后金政权的民族政策并没有系统的理论作为支撑，即使这种政策取得了辉煌的成就，也不能否认这一点。这种被动性也使后金政权的民族政策带有不稳定性和不完善性。

二、入关后的民族政策

（一）入关后民族政策的发展分期

从清军入关到鸦片战争爆发，前后经历了二百年之久。在如此漫长的历史发展过程中，其民族政策也在不断发展变化。如果笼统地对入关后的民族政策进行简单的归纳很难看出其前后的发展脉络和实践性过程，那么有必要对入关后清代的民族政策发展过程作一个大致的分期。通过研究清代民族政策的分期发展状况，可以看清楚入关后民族政策的实践性和实效性。入关后清代民族政策的发展大致可以分为以下几个时期：一是从清军入关到康熙亲政（1644—1667 年），是清代民族政策在入关后的初步发展期，二是从康熙亲政到乾隆王朝结束（1667—1795 年），是清代民族政策的重要发展期；三是从嘉庆元年到鸦片战争爆发（1795—1840 年），是清代民族政策的逐步完善期。

1. 从清军入关到康熙亲政时期的民族政策（1644—1667 年）

清军入关以后，面临着极其复杂的国内形势以及民族格局。当时，虽然清军已经占领了明王朝的首都，但明朝残存势力仍然掌握着大量的军队。被打败的农民军也分布于南方各地，仍然是不可小觑的力量。作为支柱的蒙古各部仍然没有取得全面的统一，更有部分反复于归附与叛离之间。在遥远的西藏，清廷尚未进行实际统治，只能通过蒙古的间接作用进行绥服。广阔的西域大地更是难以实际控制和管理。面对如此复杂的国内形势和民族格局，需要清朝统治者拿出高超的政治智慧，运用妥当的民族政策来实现国内的统一与稳定，在中原地区站稳脚跟。

对蒙古的政策。从当时形势看，康熙亲政以前的清朝政府面临的最为急迫的任务是迅速在中原地区站稳脚跟，成为中原的统治者。政治形势决定了当时的民族政策首要目标是处理好满汉之间的民族关系，消融汉族对满族政权的抵抗情绪，尽快稳定全国局势，但在处理满汉民族关系时，又离不开其他民族关系的支持与配合。满蒙联盟是清军入主中原的核心力量，在稳定国家局势时，同样离不开蒙古族的支持与协助。这就需要完成两项任务，一是稳定已经归附的蒙古各部，对他们进行有效的笼络和控制，为统一中国冲锋陷阵。二是使尽可能多的蒙古诸部加入到自己的阵营中，改变和汉族力量相比处于的弱势地位。在这些任务的促使下，这一时期清朝的对蒙政策也在继续发展。由于蒙古和西藏的文化上的相通，争取西藏的藏传佛教人士的支持仍然是民族政策的重要内容。刚入关的清朝政府还没有精力去考虑和处理西藏的内部事务，但为了发展和稳定蒙古，同时也为以后的西藏归附奠定基础，这一时期对西藏的民族政策仍然占有重要位置。

对汉族的民族政策。清军入关后，虽然占领了北京，但从民族实力看满汉之间的力量对比并未发生有利于满族的彻底性转变，反而由于入主中原使得这种力量对比的差距更加明显。作为以少临众的少数民族政权，清朝政府必须妥善处理好满汉之间的民族关系，这是决定新政权能否在中原地区站稳脚跟的根本性问题。在清军刚刚入主中原不久，清朝统治者就通过一系列的民族政策来扩大自己的政治资源。首先是转移公众视线，利用农民军和明朝政府的矛盾弱化民族矛盾。当时清朝政府打着与流寇争天下的旗号对农民军进行剿灭，声称“流贼李自成，弑君虐民，多行悖逆。神人共怒，自速诛亡”。[1] 这种口号充分利用了汉族地主和官僚知识分子恐惧、仇视农民军的心理

---

① 《清实录》.《清世祖实录》卷 15. 北京：中华书局，1985 年版. 第 135 页。

状态，淡化了满族作为异民族统治中原地区的民族矛盾，并且取得了一定的成效。其次是安抚明朝的地主和官僚知识分子，将他们重新组织起来作为自己的统治工具。清廷布告天下，“其避贼回籍，隐居山林者亦具以闻，仍以原官录用”。[①] “文武官员军民人等，不论原属贼，或为流贼逼勒投降者，若能归服我朝，仍准录用”。[②] 这种民族政策的实施有效瓦解了汉族的反清统一战线，使一部分汉族地主和官僚知识分子进入到了清朝统治者的统治阵营中，一方面减少了反清力量，另一方面巩固了清朝的统治基础。一正一负的变化使清朝政府的统治力量迅速占了上风，为其进一步统一奠定了基础。再次是利用各种方式收买民心，减少满汉对立情绪。利用普通汉民对旧王朝和战争的憎恶心理和对新生活的期待，实施一些新的政策以收拢民心。清廷在顺治二年（1645 年）在陕西颁布的诏令规定，“自顺治二年二月初一日昧爽以前，陕西通省地方，官吏军民人等有犯，无论大小，已发觉，未发觉；已结正，未结正，并文武伪官等罪，咸赦除之。”“陕西起存拖欠，夏税、秋粮、马草、人丁、盐钞、民屯、牧屯及内供茜草本折钱粮，未经征收，逋欠在民者，至顺治二年正月以前尽行蠲免。”[③] 最后是利用文化手段，缓和满汉之间的民族矛盾。由于儒学在汉族文化中具有核心地位，所以清朝统治者把尊崇儒学作为缓和满汉矛盾的重要手段。顺治皇帝袭封孔子后裔孔允植为“衍圣公”，利用儒学在汉族

① 《清实录》.《清世祖实录》卷 5. 北京：中华书局，1985 年版. 第 57 页。

② 《清实录》.《清世祖实录》卷 8. 北京：中华书局，1985 年版. 第 85 页。

③ 《清实录》.《清世祖实录》卷 15. 北京：中华书局，1985 年版. 第 135-136 页。

的影响缓和民族矛盾。所有这些民族政策都为清朝政府发挥有效社会管理职能，调整满汉民族关系，维护清朝统治做出了重要贡献，使清朝政府能在短时间内立足中原，进而统一了中国。

这一时期的民族政策以对汉族的政策为重点和亮点，追求尽快的全国稳定是阶段性任务。在完成这一任务时清朝政府的民族政策有很多积极方面，取得了肯定性的成果，但同时这一时期的民族政策有些部分并没有完全脱离民族局限性和时代局限性，这从清初的“五弊政”可以得到清晰的印证。瑕不掩瑜，总体来说，这一时期清朝的民族政策是比较成功的。

2. 从康熙亲政到乾隆朝结束（1667—1795 年）

康雍乾时期是清朝历史上最有建树的时期。在康熙初年到乾隆末年约一个半世纪的时间内，清朝最终完成了全国的统一大业，完成了中华民族的又一次空前大统一。国家的统一和开拓性是这一时期国家的重要任务，也是这一时期的民族政策的主要目标。在这一时期，清朝君主不但统一了内地，而且将西藏和新疆最终统一起来，为巩固我国统一多民族国家作出了重要的贡献。

康雍乾时期对蒙古的民族政策。对蒙古政策在近代以前的清朝民族政策中一直占有非常重要的地位，这是由多种原因造成的。一是蒙古各部的实力非常强大。蒙古族在历史上以勇猛善战著称，特别是在元朝时期，蒙古族强大的军事实力横扫欧亚。元朝灭亡以后，虽然蒙古势力有所削弱，并且内部分崩离析，但仍然保持了强大的军事实力，是一支不可小觑的军事力量。二是蒙古族的分布区域极为广阔，从东北西部到天山南路都属于蒙古族的控制范围之内，基本包括了清朝从东北到西北边疆的绝大部分。三是蒙古族对其他边疆地区的影响深远。当时，蒙古族控制着天山南路的回部和西藏，蒙古族的向背决定着这些地区是否能顺利归附于清朝政府。清朝康雍乾时期的蒙古政策特点如下：一是继续实行前期的恩威并施政策。优待政策包括继续以封爵厚禄的方式笼络蒙古族贵族，进一步规范满蒙联姻等措施。当时，清朝政府对蒙古贵族的封爵数量和级别之高达到了空前的程度，蒙古贵族的俸禄也是极其丰厚的。这一时期的满蒙联姻的数量和分布范围又有了新的提高。康熙时期的满蒙联姻范围已经扩大到了漠北和西北，并为雍正和乾隆王朝所继承。同时，清朝政府对于搞分裂者予以坚决的镇压，施之于威，辅之于恩。在这一时期，清朝政府对蒙古的用兵极为频繁，包括对参与“三藩之乱”的蒙古诸部的征讨和对准噶尔部的征讨。二是采取开拓政策，通过战和两种方式统一蒙古各部并将其纳入统治范围。特别是对准噶尔部的征讨，并最终将其纳入清朝的统治轨道。康熙皇帝曾三次亲征准噶尔部，有力地打击了噶尔丹分裂势力。乾隆时期也进行了数次战争，最终于 1757 年（乾隆二十二年）统一了漠西蒙古。清朝政府通过长达 70 年的战争统一了西北，安定了社会秩序，避免了蒙古分裂的危险，打击了沙俄的侵略势力，捍卫了祖国的边疆，巩固和促进了多民族大家庭的发展。

康雍乾时期对汉族的政策。这一时期的对汉族政策既有沿袭前一时期的政策的成分，也有创新性的内容。在利用汉族官僚和知识分子方面，扩大了民族联合执政的范围。在入关前和入关初期，任用汉官的范围一般限于归附和投降的汉官汉将，在康雍乾时期通过开科取士和举荐等方式大量任用汉官汉将，对汉族实行以汉治汉政策。在清代，汉族聚居区主要是通过汉族官僚进行治理。这种以汉治汉政策的使用有效地增加了汉族对清朝政府的政治认同感，同时也充分利用了汉族官僚善于进行社会治理的社会和政治资源。清朝政府除了在政治上通过任用汉官，和汉族官僚知识分子结成政治联盟以外，还通过组建绿营兵的形式结成了军事联盟，共同维护清朝的统一与稳定。"通过'满汉一家'政策，吸收了大批汉官、汉士、汉将、汉兵，他们遵循帝旨国法，治理京内外各级衙门事务，辖束人民，征赋佥役，从征厮杀，为统一全国，安定九州，巩固清朝统治起了很大作用。"[①] 在统治方式上，清廷开始注重从军事武力手段向文治手段转化。"圣祖在位六十一年间，虽外讨内绥，兵威甚盛，然亦知汉族不可以武治也，乃用儒术以束缚之。计其政策有六：一崇祀孔子，亲往祭奠，并饬国子监讲求程朱理性之学，以风示汉民。一举博学鸿词科，以网罗明季遗民及奇才杰士。一开馆编会典、字典、明史、佩文韵府、渊鉴类函等书，俾士人奉为准则。一巡游江南，召试名士，藉以视察民心。一开千叟宴，诏天下不论满汉官民，凡年过六十五者，皆得与宴赋诗，以示满汉一体。一采鄂尔泰奏议，取士复用八股，以扰络志士，驱策人才。自是以后，汉族始安，帝业始固。"[②]

在努尔哈赤和皇太极时期，满族统治者受实力的限制，同时为了利用蒙古各部势力，并没有在直接统治西藏方面做出实

---

① 白寿彝主编.《中国通史》第10卷上. 上海：上海人民出版社，1996年版. 第137页。

② 天台野叟撰.《大清见闻录》上卷. 郑州：中州古籍出版社，2000年版. 第338页。

质性的行为。满族统治者当时只能暂时性地将自己的政策限定在“兴黄教，之所以安众蒙古”的范围之内。随着清朝政府问鼎中原，并最终在中原稳定下来，开始把目光投向了西藏，着手实施实际统一西藏的政策。1642 年，固始汗攻灭藏巴汗政权后，在西藏出现了蒙藏共治的局面。1654 年，固始汗死后，和硕特蒙古在西藏的势力开始衰落。格鲁派在五世达赖喇嘛的领导下实力逐渐增强，开始不满蒙藏共治的格局。清朝政府对于格鲁派发动的一系列夺权行动采取了放纵的态度，想利用藏传佛教势力把蒙古势力乘机赶出西藏。1717 年，准噶尔部乘西藏和硕特蒙古与格鲁派矛盾激化之际，在格鲁派上层集团的策应下，进兵西藏，结束了和硕特蒙古在西藏 75 年的统治历史，为清朝进兵西藏、重新制定和调整治藏政策提供了一个良好时机。1720 年，“驱准安藏”后，清朝利用清军入藏之际，推行排除蒙古诸部在西藏影响，利用藏族上层人物来实现清朝对藏地施政的政策。清朝政府通过在西藏实行噶伦制，依靠西藏社会上层势力，限制藏传佛教势力，实现了中央政府对西藏的施政。这是西藏行政建置的一次重大改革，但清朝统治者忽视了西藏固有的社会特点，忽视了地方势力之间的矛盾以及世俗势力和宗教势力之间的矛盾，为西藏政局埋下了隐患。后来西藏发生了一系列的动荡和叛乱，清朝政府也在不断调整自己的治藏政策。卫藏战争后，确立了驻藏大臣制度，1751 年颁布了《酌定西藏善后章程》，1793 年颁布了《钦定藏内善后章程》。清朝的治藏政策经顺、康、雍、乾数朝，多次调整完善，最终至 1793 年《钦定藏内善后章程》的颁行，而达于定制。此后，章程的个别条款虽有所松弛和变化，但章程的总体面貌及其所规定的西藏与清朝政治关系模式，一直延续至清末，并无大的变化。因此它是清朝治藏政策趋于成熟和稳定的标志。

对回部的民族政策。清朝时期的回部是指天山南路的维吾尔族聚居区。在明朝末年以来，天山南路一直处于分裂状态，康熙年间，天山北路的蒙古准噶尔部占领了回部，并且统治回部长达半个世纪之久。乾隆二十年（1755 年），准噶尔部发生叛乱，乾隆皇帝出兵治乱，于乾隆二十二年（1757 年）统一天山北路。如何治理原来处于准噶尔部统治下的天山南路即回部开始进入清朝统治者的视野。初期乾隆皇帝听从大臣建议，让维吾尔族黑山派首领大、小和卓返回天山南路治理回部。但在乾隆二十二年（1757 年）发生了大、小和卓叛乱，乾隆皇帝开始着手武力统一回部。平定大、小和卓叛乱之后，在多次治与乱的交替过程中，逐渐形成了清朝治理回部的政策。清朝的回部政策可以归纳为以下几点：一是南北不同，重北轻南。清朝政府在天山北路驻扎了大量军队，并且设立了伊犁将军进行统辖，积极发展天山北路的经济和贸易。在天山南路的回部驻扎军队较少，并且总体上受辖于伊犁将军。在天山南路，不同于北路的鼓励开发和开展贸易，而是对经济贸易进行限制。二是实行改良后的伯克制，实行以回治回。清朝政府将回部的各城划分为不同的等级，按照各城不同等级分封不同的伯克品级。但同时又规定一般伯克不得世袭，各伯克又受制于驻城的参赞大臣、办事大臣、领队大臣之下，总体受制于伊犁将军之下。三是实行分离政策。上述的伯克的设立本来就有分其势以众建之的含义，使得各回部首领之间互不统属，互相竞争。除了这种政治上的安排，还在宗教方面制造回部“黑山宗”与“白山宗”之间的对立。使得原本就矛盾重重的两派之间更加誓不两立。通过分离政策削弱了回部整体的团结力量，使之难以形成统一的核心对抗清朝政府的统治。

西南地区的改土归流。土司制度是中国历史上羁縻制度的产物，其实质是“以夷治夷”原则在西南地区的具体实施。土司制度最先出现于元代，明清时代得以延续。在土司制度下，土司是西南地区各少数民族的首领，中央王朝授予土司对当地少数民族地区的管辖权。土司可以世袭，对辖区内的行政有自主权，但须按时向朝廷交纳贡赋，战时有义务调兵出征，同时一般其职位的继承需要得到中央政府的批准。由于土司可以世袭，掌握地方行政权力，有的还拥有自己的武装，沿袭已久后部分土司形成了强大的割据势力。所谓“改土归流”，是指取消土司的世袭和继承，由中央政府选派有一定任期的流官直接管理少数民族地区政务的制度。明成祖朱棣是实施改土归流政策的第一个皇帝。但明朝的改土归流地区有限，西南绝大部分地区仍然实行土司制度。清朝初年，由于清朝政府面临的最大矛盾是满汉民族矛盾，所以对于西南地区少数民族的治理无暇顾及。到康熙年间，全国各地的反清起义基本得到了平息，并且国家的经济实力也有了明显的增强。同时，经过长期的发展，土司制度的弊端开始在西南部分地区凸显出来，所以到雍正年间开始实行大规模的“改土归流”政策。清朝政府进行改土归流的原因有以下几点：一是清朝政府实现国内统一的需要。在土司制度下，土司拥有其领地内的绝对权力，并且相互之间为争夺地盘经常进行战争。在自然发展和兼并的基础上，出现了一部分坐大的土司势力。这些强势的土司势力甚至对于清朝政府的号令也开始不愿遵守，任意掳掠当地的土民和兼并其他土司。中央王朝的政令在土司辖区内的效力大打折扣，甚至根本就无法实施。清朝政府为了实现国内政局稳定、政令统一，只能进行改土归流。二是土司和当地土民之间的矛盾冲突威胁到了国家的安全。在土司制度下，土司对其辖区内的土民在政治、经济、文化等领域进行着惨无人道的统治。土司的这种奴隶制的残酷统治，不仅阻碍了当地的经济社会发展，而且造成了大量的社会矛盾。土民们无法承受日趋严重的剥削和统治，纷纷起义反抗。这种动荡冲突不断的社会状况严重威胁清朝政府的长治久安，开始着手实行“改土归流”。三是国内社会形势发展的需要。清朝在经历了长期的战争以后，进入了难得的高速发展期。特别是经过康熙王朝的发展，全国的经济、文化、社会等各方面都有了较大的发展。其中人口规模出现了较大的增长，急剧膨胀的人口需要大量的土地维持生存。当时的中原和南方地区由于人口稠密，加之长期以来的开发利用，尚未开垦的土地甚微。这时人们的目光自然转向了边疆地区。作为边疆地区的西南地区，气候湿润，适合于农业的发展，但受到土司制度的限制。为了获得大量的新的土地，只有打破土司对于其领地的统治权才能实现，所以人口的增长成为推动清朝政府进行“改土归流”的原因之一。清朝政府的“改土归流”政策消除了土司独霸一方的割据形势，加强了中央集权的统一管理，有利于各民族间的交往，有利于各民族的团结。“改土归流”促进了原土司地区的经济发展。土司地区的劳动生产力得到了解放，长期与外界隔绝的状况被打破，内地的人民大量进入，先进的生产技术、生产经验传播开来，原来土司区的农业、手工业、商业等迅速发展起来。“改土归流”也促进了少数民族地区文化教育的发展，各府、州、县学堂、私塾普遍开办，土民们的文化教育水平有所提高。

这一时期清朝政府的民族政策有着鲜明的特点。一是开拓性。经过康雍乾时期长期的战争和讨伐，清朝政府最终统一了全中国。实现国家的统一和稳定是这一时期的重点任务。民族问题是社会总问题的一部分，社会总问题的阶段性特征必然反映于民族问题之上。这一时期的民族政策需要解决的民族问题是如何通过正确的政策安排来推动国家的统一和稳定，所以开拓性成为这一时期民族政策的特点之一。民族政策的开拓性表现为其很大一部分内容涉及清朝政府对新的疆域的管辖和治理。这一时期的民族政策出现了很多清朝前期没有出现过的新内容，具有极大的创新性。这是和当时民族政策的开拓性分不开的。二是政策的调整比较频繁。由于这一时期清朝政府开疆拓土，将其统治区域拓展到了前所未有的新区域。在这些新的统治区域内，由于距离内地较远，与内地的社会情况有着较大的差别。加之这些地区交通不便，信息渠道不畅通，使得这些地区之间的社会相似性很低，差别性很大，各有特色。清朝政府对于这种陌生的民族社会没有现成的经验可以借鉴，只能在摸索中不断调整。无论是从这一时期的政策出台的频率和政策的数量都可以看出这一时期的政策调整性极强。三是政策完整性。封建社会的人治特点决定了国家的政治生活状况与国家领导人的个体才能有着密不可分的关系。在人治社会中，君主的个人魅力被无限放大，君主的德与才直接决定着国家的兴与衰。康雍乾帝是中国历史上著名的政治家，创造了中国封建社会最后一个发展顶峰即康乾盛世。康雍乾帝的政治才干表现于民族政策方面即为开创和定型了清代的民族政策体系。这一时期的民族政策体系极为完整，内容上涉及政治、经济、文化、军事等各方面，地域范围上涉及了我国北部、西北、东北、西南等全部的边疆区域，从层阶上既有中央层面的民族政策规定也有地方性的民族政策之规定。康雍乾时期已经形成了完整的清朝民族政策体系，后世的民族政策发展大多是对其内容进行较小的修补和完善，很少有根本性的突破和变化。后世的清朝统治者把这一时期的民族政策经常作为“祖制”加以遵循。

3. 从嘉庆元年到鸦片战争爆发（1795—1840 年）

从嘉庆元年到鸦片战争爆发的民族政策多为对以前民族政策的补充和完善，改动的幅度比较小，原创性的内容极少，所以是清朝民族政策的完善期。其内容很多来自康雍乾时期，只是在部分地方做了较小的修改，不再重复。

三、清末的民族政策新政

清朝政府自努尔哈赤时代起就一直把“修其教不易其俗，齐其政不易其宜”“分其势而众建之”“厚往薄来”作为边疆民族政策的基本原则。在经过康雍乾时期的励精图治后，最终统一了全国，并将这一政策推行到了全国边疆地区，使边疆民族地区保持了长期的稳定和发展。但清朝末年政治腐败，经济衰退，加之西方列强的蚕食侵略，清朝的统治变得风雨飘摇，充满危机。为了苟延残喘，清朝统治者提出了变革的口号。清政府于 1901 年颁布“变法”上谕。清朝政府的这一“变法”上谕，涉及政治、经济、文化各个方面，根据当时的形势推出新政并在全国开始实行。民族政策作为国家政策的一个重要部分也开始实行新政。

（一）清末实行民族政策新政的原因

清末的民族政策新政出台的原因是多方面的，是统治者内外交困的产物，反映了清朝政府面临的内外危机的扩大化和严重性。一是为了应对西方列强的蚕食政策。清朝末年，清朝政府由于政治腐败，导致了全面衰退，国内方方面面都出现了危机和动荡。而此时的西方列强正处于上升期，资本主义的生产方式决定了他们必须寻求尽可能多的殖民地来维护自己的发展。日渐衰落又统辖着广阔疆土和众多国民的清王朝成为西方列强新的目标。西方列强除了利用船坚炮利之势从海上进攻清朝以外，也积极通过蚕食清朝政府边境地区的策略对清王朝进行侵略。例如，清朝末年，沙皇俄国就不断向地广人稀的清朝东北边境移民，英国和法国也乘机将其势力不断渗入西南地区。清朝政府受制于内地的种种矛盾，没有实力对边疆地区的国土进行有力的保护，只能希望通过实行新政，通过移民实边来对抗西方列强的蚕食政策。二是为了解决日趋紧张的财政问题。清朝末年，由于种种原因造成了清朝政府的财政紧张。一方面是由于统治者肆意挥霍，荒淫无度，朝廷开支日益增加；另一方面是由于广大老百姓无法忍受清朝政府的残酷剥削，纷纷揭竿而起，国内的混乱局面使清朝政府的财源大量缩减。三是由于清朝政府战败后，向西方列强割地赔款，仅《辛丑条约》的签定就需要清朝政府赔款四亿五千万两白银。日趋紧张的财政危机逼迫清朝政府不得不寻找新的财源。实施新政开发边疆成为清朝政府开拓财源的措施之一。四是为了安置流民，稳定国内形势。清朝末年由于政府要支付高额的战争赔款，对百姓横征暴敛，很多农民破产，成为流民。加之太平天国起义和义和团运动造成国内战争不断，很多农民流离失所，无家可归。社会上存在的大量流民成为新的不稳定因素，他们随时可能出于生存的原因揭竿而起，啸聚山林成为起义的新起源。清朝政府为了安置流民，提出实行边疆新政，引导这部分流民到边疆地区垦荒，消融社会的不稳定因素。这成为清末新政的原因之一。

（二）清末边疆新政的措施

清朝政府的边疆新政涵盖了政治、经济、文化等各个方面，是一个系统工程。在政治方面追求改变清前期和中期的治边方略，实行与内地一体化的州县制。在清朝初期和中期，清朝政府对边疆少数民族地区，采用因俗而治、分而治之的策略。这种策略的具体治理措施就是根据各民族地区的不同社会特点建立各种不同的行政管理体制，如内蒙的旗盟制、新疆的伯克制、西藏的政教合一制等。清朝末年的边疆新政在政治方面的目标是废除原有的行政体制，实施与内地一体化的州县制，为边疆地区的经济、文化、军事方面的新政创造条件。在经济方面，主张对原来的广阔牧区和滩涂荒地进行开垦，鼓励垦荒。另外采取措施鼓励商人和手工业者进入边疆地区发展工商业。清朝前期为了实现自己的有效统治对边疆地区一般采取隔离政策。在东北实行封禁，汉人不得进入东北地区开垦荒地，内蒙古、新疆、西藏也是汉族人不可随意进入的禁地。不但不允许汉人到边疆地区从事农业，甚至内地汉人到边疆地区的经贸行为也受到严格控制。清末新政鼓励内地汉民进入边疆地区开垦荒地，从事工商业，发展边疆经济。在文化方面，发展边疆教育事业，开启民智。清朝前期为了实现对边疆的隔离，采取愚民政策，不主张少数民族学习汉文化。在实行新政后，广开学堂，传播儒学，鼓励少数民族学习汉文化。另外在其他方面也相应采取了一系列的措施来配合新政的实施，如中央官僚体制的改革、边疆交通条件的改善等。

（三）清末边疆新政的效果

清末边疆新政的实施效果具有两面性。从总体效果来看，边疆新政的实施发展了边疆地区的经济，促进了边疆民族地区文化事业的发展。新政的实施使很多边疆地区由原来的荒滩野地变成了肥沃的良田。随着农业的发展，商业手工业在边疆地区也迅速发展起来，出现了很多新兴的城市和企业。内地和边疆的经济贸易往来逐渐变得频繁，出现了很多新的商道和货栈，内地的商品可以快捷地输往边疆地区，边疆的农牧产品也越来越多地出现在了内地的商品市场上。清朝末年的边疆新政加强了内地汉族和边疆少数民族的交流与互动，促进了边疆民族地区的经济发展，推动了边疆地区的政治体制和社会体制革新，加速了民族间的文化交流，对中华民族的凝聚力和向心力起到了促进作用。但同时，由于清朝政府的新政一方面是被动的应对之策，没有完善的行动计划和长远规划；另一方面由于清朝统治者的阶级限制和政治腐败使新政在给边疆地区带来发展的同时也出现了很多的弊端。一是在新政实施过程中没有考虑到不同地区的政治社会基础不同，妄图采用整齐划一的新政措施来实现内地化，导致了边疆地区分离势力的抬头，最终为清末边疆地区的分裂埋下了隐患。二是在实现经济发展的同时，封建官僚乘机对边疆人民进行残酷的掠夺和剥削，对到边疆地区开发的汉民横征暴敛，加剧了社会矛盾。三是在边疆地区开发过程中，没有照顾当地少数民族的利益，使当地的少数民族生活状况发生了恶化，导致了部分边疆少数民族地区对新政的抵制，如内蒙古发生了多次反对开垦草原的牧民起义。四是在边疆开发过程中没有采取科学的规划，随意性较强，造成部分边疆地区环境遭到破坏，生态恶化严重。特别是在蒙古高原上，很多不适宜从事农业的牧区也被开垦为农田，土壤沙化严重，产量极低。同时破坏了草原生态的整体性，草原逐步出现了沙漠化的倾向，直到今天仍然没有完全解决。从不同地区的新政执行情况看，新疆地区由于基础较好，新政取得效果较为显著。康雍乾时期的战争使新疆地区的少数民族人口数量大减，大量内地汉民进入新疆发展农业，形成了农牧混合的生产格局。另外，清朝统一新疆后，新疆传统的政治势力受到了致命性的打击，在社会中的残余势力较小，加之清朝政府在新疆的控制力度较大，所以新政较易实施。新疆的经济和政治状况给新政的实施奠定了很好的基础，所以新疆的边疆新政力度最大、效果最明显、成效也较大。1884 年，清政府在新疆正式建省。改变了原有的以军府制为主体的多元化的行政管理体制，推广单一的州县制。取消了伯克制度，为新体制的建立消除了日后可能造成的隐患，并促进了维吾尔族中长期存在的农奴制的瓦解。在内蒙古地区，由于新政威胁到了蒙古贵族的利益，加之开垦牧地政策与广大牧民的利益发生了冲突，导致新政在内蒙古地区阻力很大，效果也不明显，甚至引起了数次牧民起义。最后只在蒙古族和汉族交界的地区取得了一定的效果。在西藏地区，由于强大的宗教势力的存在，新政推行阻力更大，加之推行新政的手段崇尚武力，留给传统势力的回旋余地比较小，受到了西藏上层人士的强烈反对，甚至不惜以武力相抗。清朝政府在西藏通过强硬手段推行新政的做法，不但没有收到预期效果，反而促使西藏部分上层人士走向了分裂的道路。

（四）清末边疆新政的特点

这一时期的民族政策以被动革新为其鲜明特色。清朝政府为了应付内外交困的统治危机，在边疆民族地区大力实施新政，但正像清朝政府在内地的变法一样，由于政治体制已经病入膏肓，作为强心剂的新政并没有起到起死回生的效果。在新政实施过程中，由于规划性不强，没有根据各地的实情采取因地制宜的措施，虽然客观上促进了边疆地区的发展，取得了一定的效果，但总体效果并不明显。清朝末年的边疆新政为后人留下了一个对比参照的借鉴物，值得我们进一步研究和探讨。

第二节　清代民族政策的主要内容

清朝作为我国最后一个由少数民族建立的全国性政权，在历史上存在了两百多年，在其统治期间，出现了辉煌的康乾盛世，各民族的统一性空前强大，我国的封建社会发展到了顶峰。清代的民族政策内容是极其丰富的，包含政治、经济、文化、社会等各个方面的内容。清朝的民族政策的体系中既包含了全国性的内容，也有地方性特色的内容。

清朝的民族政策为大多数学者所推崇。关于清朝民族政策的内容很多学者作过归纳。张羽新把清代的民族政策内容归纳为以下几点：因俗习为治、对少数民族不变衣冠制度、扶植藏传佛教、统治上投其所好、恩威并用抚绥少数民族中的上层人士等。[①] 余梓东教授在其专著《清代民族政策研究》中把清朝的民族政策划分为总政策、基本政策和具体政策三种类型。[②] 还有很多学者从清代关于某民族或某一地区的民族政策做了细致的研究，所有这些研究成果都为我们正确认识清代的民族政策内容提供了丰富的素材，提供了多样化的研究途径。为了使清朝的民族政策内容能以更加条理清晰的面目为人们所认识，在此将清代民族政策的主要内容归纳如下。

一、清代民族政策的总原则

清代民族政策的总原则是清朝统治者在制定和实施民族政策过程中所遵循的基本准则。民族政策的总原则是由多种因素决定的，如政策主体的民族观和认识水平、政策客体的基本状况、政策环境的总体形势等。民族政策的总原则决定了民族政策的总体性质和面貌，在民族政策体系中具有统领性的作用。有什么样的民族政策总原则，就会有什么样的基本策略和具体内容与之相匹配。

（一）皇权至上原则

清朝的封建制王朝的基本性质决定了清朝的民族政策必须以皇权至上为根本原则。中国封建社会最大的特征是专制，而

① 参见马大正主编.《中国古代边疆政策研究》. 北京：中国社会科学出版社，1990 年版. 第 339-343 页。

② 参见余梓东著.《清代民族政策研究》. 沈阳：辽宁民族出版社，2003 年版. 第 265 页。

专制的塔尖为皇帝，皇帝至高无上的专制权力是维持中国封建社会存在的基本要素。清朝作为少数民族建立的封建制政权，满族领袖在由地方势力逐渐问鼎中原、统一全国的过程中，实现了由奴隶社会向封建社会的蜕变，封建专制制度被满族领袖全盘接纳。在中国封建社会中，“普天之下莫非王土，率土之滨莫非王臣”的专制思想根深蒂固。清朝统治者作为中国封建王朝统治者之一，同样摆脱不了这一思想的束缚。

在清代民族政策的制定和实施过程中，到处可以看到皇权至上的影子。首先，清朝皇帝掌握着民族事务管理的总体控制权。中国封建社会以中央集权的管家管理体制为特征。这种体制决定了皇帝是国家的最高统治者，是国家和社会资源的最大富集者和支配者，集国家最高立法权、司法权、行政权、军事指挥权于一身。在民族事务管理领域，清朝皇帝同样掌握着民族事务管理的总体控制权。例如，清朝民族事务管理的财政权、人事权等重要事项都由皇帝总体控制。其次，皇帝的至高权力贯穿于民族政策制定、政策执行、政策评估、政策监控、政策终结的整个过程。在政策制定过程中，无论是皇帝无须跟任何人商讨即可自己拟定谕旨，还是诏令大臣拟定的政策建议必须由皇帝批准，都直接体现了皇权的至高无上。在政策执行的具体活动中同样离不开皇权的权威，如对少数民族首领的封赏权只有皇帝才能享有，对个别地区实行武力征伐的战争发动权也只有皇帝才享有。最后，清朝统治者制定实施民族政策的最终目的是维护以皇权为标志的封建统治权。清朝统治者的阶级局限性和时代局限性决定了他们的民族观不可能脱离封建思想的束缚，维护以封建皇权为代表的封建统治权是民族政策的终极目的。在清朝封建王朝中，对某一具体民族问题采用何种政策予以应对，完全取决于是否威胁到了皇权或是否有利于皇权的扩张。

（二）经过改造的国家统一原则

中国历史上的国家观为天下观，一统天下被中国历代皇帝视为神圣的职责。清朝统治者作为中国封建王朝的继承者之一，同样以一统天下、国家统一作为自己的奋斗目标。在历史上，最初的中国是指国君所在之城，后来扩大为黄河中下游华夏民族所建立的王朝，再后来中国所指称的范围扩大到了长江流域和珠江流域。在天下观中，天下由居于中央的中国和宾服的四夷构成。在中国和四夷的关系中讲求“夷夏有别”和“内中国而外诸夏，内诸夏而外夷狄”。清朝统治者作为少数民族掌握国家政权，必然会对传统的国家观和民族观进行改造。清朝统治者批判了大汉族主义的“华夷之辨”，而代之以“中外一家”。同时清朝统治者接受了历代王朝的大一统思想。雍正皇帝曾经专门对“华夷之辨”进行过批判，他认为：“不知本朝之为满洲，犹中国之有籍贯，舜为东夷之人，文王为西夷之人，曾何损于圣德乎？……盖从来华夷之说，乃在晋、宋六朝偏安之时，彼此地丑德齐，莫能相尚，是以北人诋南为岛夷，南人指北为索虏。在当日之人，不务修德行仁而徒事口舌相议，已为至卑至陋之见。”① 清朝统治者的这种观点主观上是为了证明出身为夷狄的清朝皇帝统治中国的身份合法性，但客观上通过主张“中外一家”把昔日被视为禽兽的少数民族赋予了和中原汉族平等的公民身份，把生存繁衍在中国版图之下语言、文化、宗教、习俗不同的各民族各部落视为一个不可分割的大家庭。经过清朝政府的经营，历史上的狭隘中国概念变成了既包括中

① 《清实录》.《清世宗实录》卷86. 北京：中华书局，1985年版. 第148页。

原内地，又包括广阔的边疆地区的“中外一家”的大中国。特别是在康雍乾时期，“中外一家”的大一统思想取得了实质性的发展。持续百余年之久的康雍乾三位皇帝执政时期，取得了军事上、政治上完成国家大一统和思想上批判儒家“华夷之辨”民族偏见这两条战线的决定性胜利，清朝皇帝成为事实上“中外一家”的大一统中国之主。清朝政府的民族政策，尽管纷繁复杂，形式多样，但其中心离不开主观上的追求皇权统一与客观上的“中外一家”指导下的国家统一。

二、清代民族政策的基本策略和具体措施

（一）高度重视

清代民族政策在清代的政策体系中具有基础性的地位。满族虽然是当时的统治民族，但它在人口、经济文化等方面不但与汉族相比处于绝对落后状态，即使是和同样作为少数民族的蒙古族相比，其实力也不占优势。在民族关系格局中处于落后状态的满族，要实现和巩固其政治统一，必须对民族关系和民族政策高度重视。这样才能通过高超的策略和手段，主动调整民族关系，妥善处理民族问题，在多民族的民族关系格局中掌握主动权。清朝政府对民族问题和民族政策的重视体现在很多方面。以理藩院的设置为例，作为清朝中央政府管理少数民族事务的专门机构，其行政地位与六部相当，说明了清朝统治者对民族问题的重视程度，体现了少数民族问题和少数民族事务在清朝统治者心目中的位置。这种具有极高行政地位的专门管理少数民族事务的中央机构的设立在中国历史上是极其罕见的。“理藩一职，历古未有专官，唯周官大行人差近之。秦、汉以

降，略存规制。遐荒绝漠，统治王官，为有清创制。”[①] 王锺翰先生也认为：“理藩院不仅是行政机构，还负责蒙古地区的立法工作，掌管蒙古地区蒙古王公的封爵、会盟、户丁、刑狱、宗教、朝觐等诸多事务，在中央建立专门处理国内少数民族事务的机构，这在历代封建王朝也是绝无仅有的。”[②]

（二）恩威并施

清朝政府在处理民族问题时，能够审时度势，以恩威并施的手段及时化解和解决问题。清朝政府民族政策中的恩威并施最初来源于努尔哈赤起兵时期的政治原则。努尔哈赤为了实现以小博大、以弱胜强的战略目标，在政治上和军事上提出了“顺者以德服，逆者以兵临”[③] 的基本原则。在满族势力逐渐强大并掌握了全国政权以后，清朝政府将其应用于民族问题的处理，形成了恩威并施政策。对各民族的绥服手段丰富多样，包括联姻、结盟、赏赐、封爵、封官、赦免等。如清朝历代统治者在治理蒙藏地区的实践中，频繁地通过优抚、册封、联姻、赏赐等方式，与蒙藏地区的上层人士进行联系。在西藏地区，清朝政府在历代达赖喇嘛、班禅活佛认定后都及时进行册封，表明中央政府对其的承认。在其坐床时派人前往西藏主持典礼，赏赐礼品。每当达赖及班禅派使者赴京朝贡返回西藏时，都赏赐大量的礼物以示优抚。乾隆帝认为：“中国抚驭远人，全在恩

---

① 《清史稿》115 卷. 职官二. 北京：中华书局，1977 年版. 第 3301 页。

② 王锺翰著.《清心集》. 北京：新世界出版社，2002 年版. 第 176 页。

③ 《清实录》.《清太祖实录》卷 1. 北京：中华书局，1985 年版. 第 25 页。

威并用，令其感而知畏，方为良法。”① 在战争时期也不忘恩威并施政策的实施。乾隆在对回部的战争中晓示回部民众说：“大兵进剿，惟欲擒获布啦呢敦、霍集占，与回众无涉，恐尔等被其恐吓，妄相附和。” 对那些胁从者，“若悔罪归诚，即听于本地各安生业；有能擒获首恶，大皇帝必格外加恩”。② 在采用绥服政策的同时，一旦出现外敌入侵或内部动乱，就通过军事打击的方式坚决进行反击或镇压，从不手软。清代通过战争手段解决民族问题的例子数不胜数，包括康熙时平定察哈尔、征讨噶尔丹，雍正时平定罗卜藏丹津，乾隆时平定大小金川、征讨准部和回部、镇压苏四十三和石峰堡起义、抗击巴勒布和廓尔喀入侵西藏，嘉庆时镇压苗民起义，道光时平定新疆张格尔叛乱，咸丰、同治和光绪时镇压贵州苗民、西北以及云南的回民起义。

（三）循序渐进

清朝政府在处理民族问题时并不强求毕其功于一役地一次性解决，而是根据不同的时局特点，采取循序渐进的方式逐步解决。在处理与蒙古族的关系时，努尔哈赤刚刚起事时只有“甲三副，兵百人”，虽通过内部的民族统一实力有所扩大，但相比于蒙古族仍然处于弱小地位。为了对抗强大的大明王朝，努尔哈赤最初采取了与蒙古诸部结盟的策略。这种盟友关系在满族实力逐渐强大以后，演变为了隶属关系。清朝统治者通过

---

① 《清实录》.《清高宗实录》卷 1116. 北京：中华书局，1985 年版. 第 916 页。

② 引自丁宏.《试析方略与清代统治者的民族观》.《青海民族研究》，2004 年 9 月，第 4 期：77 页。

旗盟制将蒙古族控制于自己手中，成为与汉族争夺天下、统一中国的有力支持力量。在对待藏传佛教方面，初期的清朝统治者为了绥服蒙古，对藏传佛教十分尊崇。顺治九年（1652 年）世祖延请五世达赖至京师，予隆重礼遇，并册封为“西天大善自在佛所领天下释教普通瓦赤喇怛喇达赖喇嘛”。同时鉴于西藏地区信仰藏传佛教的特征，除了初期的绥服蒙古目的以外，入关后的清朝统治者进一步尊崇藏传佛教也是为了在西藏建立统治权。在蒙古族和西藏逐渐被纳以统治之下后，清朝政府开始对藏传佛教进行控制和限制。清政府后来规定，黄教事务由理藩院统一管理，理藩院内设有喇嘛印务处专司其掌。凡喇嘛，须持有政府颁发的度牒，喀尔喀蒙古、西藏的喇嘛不发度牒，但要登记造册，报当地驻在大臣查核。凡大喇嘛，均须经清政府册封，乾隆末年又创设了金瓶掣签制度，将黄教首领的转世大权操于中央之手。

（四）因俗而治

“因俗而治”据研究来源于《礼记》，即在保持各少数民族风俗习惯和宗教信仰不变的基础上，根据各少数民族地区的具体情况，通过笼络和利用少数民族上层分子，实现对少数民族的统治和管理。“因俗而治”是我国历史上历代封建王朝统治边疆地区的传统思想。清朝统治者接受了这一传统思想，并将其在边疆地区推行开来，形成了风格迥异的不同管理和统治方式。可以说，在清朝统治者手中，这一传统思想得到了真正的发挥和利用。清朝的历代皇帝都非常重视民族政策中的因俗而治。在清初，顺治皇帝就提出了一切政治悉因其俗的主张；康熙皇帝也指出，对少数民族应该“治之得其道”和“惟令各行其道”[①]；雍正帝曾明确指出，对边疆统治要“从俗从宜”，“各安其习”；[②] 乾隆帝也强调“令照旧安居，不易服色，不授官爵，不责贡赋，惟遣使来请朕安即加恩赏赉”。[③] 清朝统治者在实现了全国统一后，根据不同少数民族地区社会发育程度、生产生活方式、宗教信仰状况等方面的不同特点，实行了各具特色的行政管理制度。在汉族地区实行行省制管理体制，内地的汉族聚居区被划分为 18 个行省，各行省由皇帝任命的总督、巡抚、布政使、按察使等进行管理。这种管理体制与内地历史上传统的郡县制基本一致。在东北、内蒙古部分地区和新疆大部实行军府制。在军府制下，被皇帝任命的将军对其管辖地区的军事和行政具有绝对的权威，集数权于一身。这种体制安排是为了加强边疆地区的统治和防务。在蒙古地区大部实行旗盟制。将蒙古地区分成 24 部 49 旗，同时稽户口、编牛录、谳庶狱，实行特殊的行政、司法管理。在西藏地区支持其内部实行政教合一制度。从雍正王朝开始设立驻藏大臣并形成制度，凡涉及国家主权和地方性的重大问题，如西藏与邻国的关系、军队驻防、宗教领袖的继承等，均由驻藏大臣处理并上报朝廷决定。还有天山南路的伯克制、西南地区的改土归流等都体现了清朝统治者“因俗而治”的统治策略。

（五）分而治之

在中国历史上，游牧民族和农耕民族之间的战争和冲突经

---

① 张羽新著.《清政府与喇嘛教》. 拉萨：西藏人民出版社，1988 年版. 第 43 页。

② 《清实录》.《清世宗实录》卷 80. 北京：中华书局，1985 年版. 第 48 页。

③ 《清实录》.《清高宗实录》卷 555. 北京：中华书局，1985 年版. 第 30 页。

常成为改朝换代的直接和间接原因。来自北方游牧民族的威胁一直是中原王朝的心腹大患，但直到清朝这种隐患仍未消除。清朝统治者为了维护自己的统治，实行了“分其势而众建之”的策略，收到明显的效果。这一政策的目的是分散地方势力，使其不能形成与中央对抗的地方势力中心，保持中央在实力对比上的绝对优势。清朝统治者的这一策略在民族地区的实施，特别是在蒙古地区的实施收到了旷古未有的成效。数千年来的游牧民族与农耕民族的争斗在清朝以后不再是国内斗争的焦点。清朝统治者通过建立旗盟制，通过清查户口、编织牛录，使牧民与牧地的关系更加稳定，趋于定居。这在一定程度上限制了各旗盟封建主之间为争夺属民和牧场而引起的纷争，有利于牧业生产的发展和社会的安定。同时，各旗盟之间互不统属，各自为政，使蒙古地区不能形成强大的民族性势力集团。通过旗盟制的实施，清朝政府最终消除了蒙古诸部重新联合而对清朝统治造成威胁的可能性，把蒙古地区纳入国家主权的有效统治之下。清朝政府“把蒙古各部落全部纳入了盟旗组织之内，各扎萨克旗互不相统，受到重重限制，始终被束缚在各自的土地上，使蒙古永远不能形成统一的共同体，而成为清王朝的一个驯服工具，为其奋勉效力，生死与共，对巩固和加强有清一代300年的统一江山、长治久安，为以前任何一朝所无”。①

（六）综合治理

清朝统治者对民族问题采用了多种手段综合治理的策略。在各项民族政策中囊括了经济、文化、政治、社会、法制等

① 王锺翰著.《清心集》. 北京：新世界出版社，2002年版. 第176-177页。

多种治理手段。如对汉族政策，康熙继位后，改迫使汉族同化的政策为抚纳政策，在经济上，停止圈地，减少租税，鼓励垦荒；在政治上，笼络汉族官僚，调整汉官级别，吸收更多的汉族地主阶级知识分子参政；在思想文化上，崇奉孔子，提倡理学，竭力宣扬忠君思想和三纲五常的封建伦理道德，甚至通过举办千叟宴的方式来取得汉族文人和百姓的认可。清朝政府还特别重视法律手段的作用，在实施于全国的《大清律例》之外，专门制定和实施了一系列专门适用于少数民族的单行法，如专对蒙古族的《蒙古律书》，专对西藏的《西藏通制》，专对维吾尔族的《回疆则例》等。民族地区的社会改变和社会治理是一项综合性工程，清朝政府的多种治理手段形成了一种合力，共同推动了清朝政府的民族事务管理和民族问题的处理。

第三节　清代民族政策评价

一、清代民族政策成就

清代民族政策在历史上取得了丰硕的成果，为很多学者所称颂。谈及清代民族政策的成就，学者们不吝誉美之词，大多对其持积极的肯定态度。“满族作为继蒙元之后入主中土的第二个少数民族，它的统治者十分注意吸收借鉴历代封建王朝统治众多少数民族的经验教训，制定自己的民族宗教政策。同古代相比，昔严尤曾有‘周得中策，汉得下策，秦无策焉’之论；平心论之，清代的民族宗教政策不但超周、秦、汉三代，甚至连煊赫一时、地跨欧亚二洲的大元帝国亦瞠乎其后。”[①] 清代的民族政策“集中国封建社会民族政策之大成”。“清代的民族政策之所以在中国民族政策史上占有重要的地位，不仅在于其是中国封建社会民族政策的一个总结，更在于其促进了中国统一多民族国家的巩固和发展。”[②]

（一）使我国多民族国家多元一体的民族关系格局发生了质的飞跃

我国多元一体的民族关系格局是数千年来在各民族互相交往和联系的基础上形成的。不管是历史上的战争与和平，都在客观上促进了多元一体民族关系格局的形成、发展和巩固。通过清代的民族政策的实施，使我国的多元一体民族关系格局发生了质的飞跃。各民族间血肉相连、休戚与共的兄弟关系在清代得到了空前的加强和巩固。

首先，在理论上清朝统治者颠覆了传统民族观中的“夷夏有别”“内诸夏而外夷狄”的错误思想。在传统民族观中，对于处于中原的华夏民族和居于边境地区的被蔑称为“蛮夷”的各少数民族是以文化为标志加以严格区分的。这种被民族压迫和民族歧视侵蚀了的民族观为了统治阶级的私利，把不同文化的少数民族视为异类，“中国戎夷五方之民，皆有性也，不可推移。东方曰夷，被发文身，有不火食者矣。南方曰蛮，雕题交趾，有不火食者矣。西方曰戎，被发衣皮，有不粒食者矣。北

---

① 王锺翰著.《王锺翰学术论著自选集》. 北京：中央民族大学出版社，1999年版. 第225页。

② 徐杰舜、韦日科主编.《中国民族政策史鉴》. 南宁：广西人民出版社，1992年版. 第494、495页.

方曰狄，衣羽毛穴居，有不粒食者矣。”[①] 在此前提下，便有了夷夏之防的出现。统治者主张“不与夷狄之执中国”[②]“不与夷狄之主中国”[③]。这种贵中华而贱夷狄的夷夏有别、夷夏之防的民族观为历代统治者所继承。特别是在汉代“独尊儒术，罢黜百家”之后，这种民族观更是流行于中原王朝。夺取中国统治权的清朝统治者对于这种错误的民族观进行了激烈的批判，并代之以“天下一统，华夷一家”的思想。特别是在雍正和乾隆时期，这种思想辩论公开化和扩大化，甚至雍正皇帝都亲自撰文宣扬自己的观点。雍正皇帝认为：“自古帝王之有天下，莫不由怀保万民，恩加四海，膺上天之眷命，协亿兆之欢心，用能统一寰区，垂庥奕世。盖生民之道，惟有德者可为天下君。此天下一家，万物一体，自古迄今，万世不易之常经，非寻常之类聚群分，乡曲疆域之私衷浅见所可妄为同异者也。《书》曰：皇天无亲，惟德是辅。盖德足以君天下，则天锡佑之，以为天下君。未闻不以德为感孚，而第择其为何地之人而辅之之理。”[④] 乾隆也曾说：“东夷西戎，南蛮北狄，因地而名，与江南河北、山左关右何异？孟子云：舜为东夷之人，文王为西夷之人。此无可讳，亦不必讳。”[⑤] 虽然雍正皇帝的“华夷辩”和乾

① 陈成国导读、校注.《礼记》. 长沙：岳麓书社，2019 年版. 第 91 页。

② 李宗侗注译.《春秋公羊传今注今译》卷 3 隐公下. 天津：天津古籍出版社，1988 年版. 第 27 页。

③ 李宗侗注译.《春秋公羊传今注今译》卷 24 昭公下. 天津：天津古籍出版社，1988 年版. 第 27 页。

④ 《清实录》.《清世宗实录》卷 86. 北京：中华书局，1985 年版. 第 147 页。

⑤ 《清实录》.《清高宗实录》卷 1168. 北京：中华书局，1985 年版. 第 666 页。

隆皇帝的“正统辩”是为了证明自己的封建统治权的正当性，但在此基础上必然产生无分内外、天下一家的民族平等思想。清朝的“华夷辩”动摇了在中国历史上几千年来占主导地位的“夷夏有别，夷夏之防”思想。“天下一统，华夷一家”思想开始逐渐进入人们的头脑，成为占主导地位的国家民族观念。其次，在实践中，清朝统治者通过多年的努力，逐步实现了中国历史上空前的国家统一和民族团结，为今天的国家版图奠定了坚实的基础。清朝统治者从努尔哈赤时代起，直到乾隆皇帝止，通过数代人的努力最终统一了蒙古各部、新疆和西藏，使国内各民族和地区空前团结在一起。虽然中国历史上也曾经有过大统一的朝代，如汉、唐、元，但由于历史上统治者对边疆民族地区实施羁縻政策，所以这些朝代边疆地区与内地的联系紧密程度和统一程度和清朝是无法相提并论的。有学者认为：“清代是我国统一多民族国家空前巩固和发展的时期。清朝的疆域，‘东极三姓所属库页岛，西极新疆疏勒至于葱岭，北极外兴安岭，南极广东琼州之崖山’。基本上奠定了近、现代中国的版图。历史上长期生活在这一疆域内的中国各个民族，此时都已形成为单一稳定的民族共同体。清王朝的建立和国土的空前统一，对于促进各少数民族之间，少数民族与汉族之间，边疆少数民族地区和内地之间的政治、经济和文化的联系与交流，均起到了积极作用。”①

---

① 江应梁主编.《中国民族史》(下). 北京：民族出版社，1990 年版. 第 191 页。

（二）民族事务管理的专门化和法制化为后世留下了宝贵的经验

清朝政府有一套完善的民族事务管理体制，特别是理藩院的设立，使清朝的民族事务管理实现了专门化和制度化。理藩院是清朝政府创立的专门管理少数民族事务的中央机构。最早出现于清崇德三年（1638 年），其前身为后金政权专门管理蒙古事务的蒙古承政和蒙古衙门。清朝政府初设理藩院，主要是专管蒙古事务。随着清朝统治范围的不断扩大，理藩院成为综合管理内、外蒙古，察哈尔、青海、西藏、新疆以及西南土司地区各少数民族事务的机构，甚至涉及一些外交事务。理藩院的机构设置经历了一个不断调整和完善的过程，理藩院的组织机构在乾隆末年基本定型。理藩院共设有旗籍、王会、典属、柔远、徕远和理刑六清吏司，以及满档房、汉档房、蒙古房、司务厅、当月处、督催所、银库、饭银处、俸档房等机构。理藩院的具体职能包括以下几个方面：掌管蒙古、回、诸番部王公、土司等官员的封袭、年班、进贡、宴赏、给俸事宜；办理满蒙联姻事宜；管理民族地区的宗教事务，如喇嘛教的管理；管理西北厄鲁特蒙古、北方漠南蒙古和漠北蒙古各旗会盟、划界、驿道、商业贸易等事务；修订管理少数民族事务的法律，参加审理刑名案件；掌管部分外交、通商事务。[①] 由于中央政府设立了专门机构，提高了管理权限，同时管理相对集中，专

① 苏发祥.《简述清朝民族管理机构的形成及其演变》.《西北民族学院学报（哲学社会科学版）》，2002 年第 2 期。

职专责，使清朝的民族事务管理实现了制度化和高效化，取得了很好的效果。

清朝统治者还在继承前人经验的基础上，积极开拓进取，勇于创新，将边疆民族管理纳入了法制化的轨道。清朝政府为了加强对民族地区的管理，有效配合民族政策的实施，制定了众多的民族法律法规。通过制定详尽的民族法律和认真执法，运用法律手段调整民族关系，管理民族事务，清朝的民族事务管理走向了法制化的道路。这在一贯实行人治模式的封建社会是难能可贵的。清朝的民族法制化管理巩固和维护了多民族国家的统一和发展，加强了中央对少数民族聚居区的司法管辖，也为治理多民族国家积累了可贵的法制经验。

（三）重视运用文化手段对民族关系进行调整，提供了调整民族关系新思路

清朝政府对民族关系调整的手段多种多样，其中既有刚性的手段，如冷冰冰的行政、法律手段，也有阴柔的手段，如温情脉脉的文化手段，刚柔并济，共同推动民族关系的和谐发展。清朝统治者注重运用文化手段来调整民族关系说明他们看到了民族矛盾和民族冲突的基础，即民族差异和民族矛盾产生的基础在于不同的文化背景和文化冲突。他们认识到通过文化手段接近一个民族或者弥合民族之间的鸿沟会比其他手段更为有效。清朝统治者成功利用文化手段解决民族问题或许可以为后人提供一些解决民族问题的新思路。满族首领在入关前为了扩大自己的实力，同时也为了自己有一个稳固的战略后方，着手统一黑龙江流域。皇太极认为：黑龙江流域人民“语音与我国同”，

“尔之先世，本皆我一国之人，载籍甚明”,[①] 并将这种观点作为统一黑龙江流域的理由之一。最终，通过战争和绥服两种手段，统一了贝加尔湖以东广大地区，并把当地人编入八旗，使之成为“新满洲”。在利用藏传佛教绥服蒙古问题上，清朝皇帝对喇嘛教的认识是相当到位的。皇太极曾指出：“喇嘛等口作讹言，假以供佛持戒为名，潜肆淫邪，贪图财物，悖逆造罪。又索取生人财帛牲畜，诡称使人免罪于幽冥，其荒诞妄为尤甚。喇嘛等不过身在世间，造作罪孽，欺诳无知之人耳。”[②] 但清朝统治者仍然给予藏传佛教很高的礼遇，原因在于“达赖喇嘛、班禅额尔德尼之号，不过沿元明之旧，换其袭敕耳。盖中外黄教，总司以此二人。各部蒙古，一心归之。兴黄教，即所以安众蒙古，所系非小，故不可不保护之，而非若元朝之曲庇谄敬番僧也”。[③]

二、清代民族政策的局限性

（一）重稳定轻发展

清朝政府在对边疆地区的战略安排中过分注重稳定，而对经济和社会发展的关注度不够。如果说在乾隆以前注重稳定是形势所需还有几分道理，在乾隆以后还把稳定作为边疆地区的唯一目标就不能不说和统治者的认识水平和认识局限性有关了。由于清政府的战略失误，在清朝统治时期，虽然边疆地区的经

① 《清实录》.《清太宗实录》卷 21. 北京：中华书局，1985 年版. 第 280 页。

② 《清实录》.《清太宗实录》卷 28. 北京：中华书局，1985 年版. 第 356 页。

③ 张羽新著.《清政府与喇嘛教》. 拉萨：西藏人民出版社，1988 年版. 第 342 页。

济社会取得了一定程度的发展，但远远落后于中原地区的发展速度。这和清朝政府过度看重边疆地区的稳定，轻视经济和社会发展是分不开的。以隔离政策为例，在清朝的中前期，清朝政府为了边疆地区的稳定，对边疆地区实施封禁政策和隔离政策，直到清朝晚期，在西方侵略者的威胁之下，才改为实施移民实边政策。如清朝政府曾在新疆地区特别是对回人聚居的回疆实施隔离政策，包括行政、军事、经济、文化四个方面的隔离。清朝政府妄图通过隔离政策隔断新疆回人与其他民族的接触，特别是与汉族的接触，人为地割断新疆与内地的联系，以确保回人对清廷的效忠和清王朝对该地区的绝对统治。特别是在文化领域的隔离政策，流毒最深。出于维护满人统治的需要，在回疆文化领域实行隔离，禁止汉、回通婚，严禁回人学习汉文化，这无疑强化了伊斯兰教在当地回人中的影响，从而严重限制了他们与汉人融合的机会和接受汉文化浸润的机会，使其降低了对中华民族大家庭的认同感。

（二）两面性

在清朝统治者中，虽然出现了几位中国历史上罕见的英明君主，他们为我国边疆地区的稳定，国内民族关系的发展作出了卓越的贡献。但同时由于他们身兼国家领袖和民族首领两种身份，使得他们不能脱离民族的局限性，在民族政策中出现了明显的两面性。一方面，本身出自被华夏民族视为夷类的少数民族，为了实现自己对国家的统治，猛烈抨击传统的“夏夷观”，主张“不分中外、夷夏一家”的民族大一统思想。正像雍正皇帝所说：“自我朝入主中土，君临天下，并蒙古极边诸部落俱归版图，是中国之疆土开拓广远，乃中国臣民之大幸，何得尚有华夷、中外之分论哉！”[①] 另一方面，又顽固地坚持满洲根本的错误观点。“首崇满洲”是清朝的基本国策。从中央到地方，满汉官员同职同级，满族官员必须居首，在实际行政事务管理过程中，满族官员往往掌握实权。满族的社会地位明显高于汉族等其他民族。“满清中央政权——军机大臣，六部尚书，名义上满汉平分，实际上主要权力均在满员之手。地方政权各省督抚满员常占十分之六七，总之，满员掌握军政大权。”[②] 甚至，清朝对新疆少数民族上层也并不是完全信任的。乾隆二十三年（1758 年），乾隆帝就指出：“回部与伊犁不同，伊犁入我版图，控制辽阔，不得不驻兵弹压，至回部平定之后，不过拣选头目，统辖城堡，总归伊犁将军营节制。”[③] 最为明显反映清朝统治者这种心态的，就是派到新疆去的官吏按规定必须是满族，从设立伊犁将军一职一直到 1866 年伊犁起义这长达 100 余年间，先后任伊犁将军一职的共 30 人，其中除海禄（蒙古正蓝旗人）、松筠（蒙古正蓝旗人）、长龄（蒙古正白旗人）3 人为蒙古族外，其余 27 人皆为满族。[④]

三、清代民族政策与元代民族政策对比

元朝和清朝是我国历史上仅有的两个由少数民族建立的全

---

① 《清实录》.《清世宗实录》卷 86. 北京：中华书局，1985 年版. 第 148-149 页。

② 王凛然编.《范文澜文集》. 天津：南开大学出版社，2019 年版. 第 194 页。

③ 《清实录》.《清高宗实录》卷 570. 北京：中华书局，1985 年版. 第 240 页。

④ 参见齐清顺、田卫疆著.《中国历代中央王朝治理新疆政策研究》. 乌鲁木齐：新疆人民出版社，2004 年版。

国性政权。这两个朝代在我国历史上具有非常重要的历史地位，对我国多民族国家的发展发挥了至关重要的作用。在这两个朝代，少数民族登上了全国政权的大舞台，充分展示了少数民族的聪明才智和政治才干。元朝和清朝的建立对我国许多边疆少数民族最终融入祖国的怀抱，最终成为祖国大家庭的成员有着重要的影响。这两个朝代的政权建立基础凸显了民族政策在当时的重要地位，充分研究这两个朝代的民族政策及其得失对我们当代的民族政策制定和建立和谐民族关系有重要的借鉴意义。

（一）元朝和清朝民族政策制定前提的相似性

1. 同是少数民族建立的全国性政权

元朝是蒙古族依靠强大的军事实力，在长期的征战过程中，先后灭掉西夏、金、南宋等政权后建立的一个全国统一性封建政权。蒙古族是起源于额尔古纳河流域和呼伦湖周围地区的一个古老民族，“蒙古原为室韦诸部中的一个古老部落的称谓，蒙古族在历史上的不同时期有着不同的音译称谓”。[①] 公元13世纪初，蒙古族作为新兴民族，在宋、金、西夏日渐衰落之际，开始出现在中国历史的政治舞台上。1279年，元世祖忽必烈灭亡南宋，实现了全国的又一次大统一，建立了我国历史上最大规模的封建制国家，也是少数民族第一次建立全国性政权。1368年，元朝在汉族和各少数民族农民大起义的打击下，随着元顺帝逃离大都而被明朝取代，前后历经98年。

清朝是由满族建立的我国最后一个封建性政权。满族是以女

① 翁独健主编.《中国民族关系史纲要》. 北京：中国社会科学出版社，1990年版. 第525页。

真为主，吸收部分汉、蒙古等族成员，于明朝末年形成的一个新的民族共同体。满族的渊源可以追溯到先秦时期，其先民在商周时期称肃慎，并与当时的中原地区有联系和交往，以后史书记载的挹娄、勿吉、靺鞨和女真，是满族的先人。从 1644 年清军入关到 1911 年清朝统治结束，清朝在我国历史上存续了 268 年。

元朝和清朝，是我国历史上仅有的两个少数民族建立的全国性封建政权。在特定的历史条件下，作为少数民族入主中原，并建立起全国统治、君临天下，决定了他们必须比历史上的其他朝代要付出更多的努力去研究和解决民族问题，需要制定和实施比历史上汉族建立的朝代更加精致和先进的民族政策。

2. 都面临着如何处理与原有统治民族——汉族关系的重大命题

在我国历史上，汉族人口一直处于绝对多数的地位。我国历史上更长时间是汉族占统治地位。汉族长期在国家机器中的领导地位使这个民族的民族优越意识相当强烈，大汉族主义思想，不论在汉族的统治阶级还是在普通民众中都向来根深蒂固。

从人口数量看，元朝的蒙古族和清朝的满族与汉族人口数量相比，都处于绝对的少数。从经济文化方面看，元朝的蒙古族和清朝的满族与汉族比较，属于相对落后状态。这种差距的存在决定了这两个少数民族要统治中国，必须首先用最大的精力统治好占优势的汉族。这个现实的存在给当时的统治民族蒙古族和满族都带来了一个相同的问题，即如何统治好昔日的统治民族。元朝和清朝的开国者们虽然通过战争的形式取得了政治上的领导地位，但真正使这个庞大的民族——汉族臣服于自己的统治之下，如何通过正确的政策实施减少甚至消灭汉族的反抗意识和行动是两个朝代面临的相同难题。

3. 都面临需要实行联合执政的问题

元朝的蒙古族和清朝的满族都是少数民族，又都是当时的统治民族。其人口经济、文化、社会方面的弱势地位决定了他们必须实施联合执政的施政方针。联合执政包括了两个方面，一是在与汉族的战争过程中与其他少数民族的联合，共同战胜强大的汉族。这种措施在元朝和清朝的建立时期起了关键性的作用，我们从这两个朝代的建立过程中可以明显看到，如蒙古族和色目人的联合、满族和蒙古族的联合等。二是在蒙古族和满族建立了全国性政权后，从阶级立场出发，面对如何统治广大劳动人民，而在统治阶级内部实行联合的问题。为了扩大自己统治的社会基础，蒙古族和满族统治者一样，必须和其他民族的统治阶级结成统治同盟，来共同消弭民族矛盾，扩大统治基础，实现有效统治。在这个问题上，应该和谁实行联合？应该在多大程度上实行联合？联合与斗争的辩证关系如何处理好？这些问题同样困扰着元朝的蒙古族统治者和清朝的满族统治者。

4. 都面临着如何处理多层次民族关系的问题

在元朝和清朝，通过统治者的文治武功，更多的少数民族地区归入了统一的国家版图。元朝和清朝的疆域之广阔是历史上各封建王朝所仅有的。在元朝和清朝的广袤的疆域内，中原地区主要是汉族居住区。在四周的边疆地区，更多的少数民族投入了祖国的怀抱。这两个朝代所要处理的民族关系的难度远远超过了其他封建王朝。首先，在元朝和清朝的统治下，少数民族种类之多，情况之复杂，是其他封建统治政权所无法比拟的。其次，这两个朝代不但要处理好少数民族与汉族的关系这个历朝历代所共同面临的难题，同时由于其本身是少数民族，必须与其他少数民族联合起来共同对付强大的汉族，这样就带来了如何处理好与其他少数民族关系的问题。在众多少数民族中如何识别哪些是既可以联合又能有效保证自己的统治地位不受威胁的少数民族，对哪些民族实行以联合为主的政策，对哪些民族实行以统治为主的政策，这些是在历代封建王朝中没有现成经验可以借鉴的。

（二）元朝和清朝民族政策的相似之处

1. 都属于封建社会的民族政策体系

元朝和清朝政权的封建性政权的属性和统治阶级的民族观的本性，决定了他们的民族政策的基本走向。元朝和清朝虽然是少数民族建立的政权，但其政权的封建性本质和由其决定的民族观使得它们必然实行民族压迫政策。民族压迫政策是这两个少数民族政权所不可逃脱的宿命。我们可以在这两个朝代的民族政策中明显看到民族压迫的种种表现。

元朝蒙古统治集团将民族压迫制度化、法律化。在元朝的统治下，国民被公开划分为四等，四等人在政治与法律上的地位和待遇都不平等。这种赤裸裸的民族压迫政策使民族间的不平等在历史上达到了极致。元朝对边疆少数民族地区也不断加重赋役和剥削，这也大大激化了其他少数民族与元朝统治者的矛盾。

清朝的统治集团由于同样在时代和阶级的局限性的影响下实施了一系列的民族压迫政策，如在清朝初年实行的“五大弊政”，即剃发、易服、圈地、投充、逃人。虽然有些政策在后来停止实施了，但易服与剃发一直保留到了清朝统治结束。这些政策有的甚至被上升到了法律的高度，如逃人法。这些政策是民族压迫政策的直接体现，伤害了民族感情，恶化了民族关系。

2. 都曾经为因俗而治而采行汉法

元朝和清朝的统治者，都曾经为了对拥有广大人口、封建经济文化较为发达的汉族地区实行有效统治而采行汉法。元朝时为了笼络汉族士大夫，维护和巩固其对汉族的统治而实行了一些采行汉法的做法。其中以元世祖、元仁宗、元文宗时期为代表。主要措施有以下表现：政治上，任命汉族士大夫为官，特别是从元世祖忽必烈以后，从中央到地方的各级机构中，均有汉族官员；经济上，注重对汉族农耕生产方式的保护，具体做法有保护耕地和兴修水利等；思想文化上，尊崇儒学，主要做法有兴办学校、校订儒学典籍、开科取士［元仁宗延祐二年（1315 年）正式实行］等。

清朝统治者也意识到了，他们可以用武力取得政权，但不能单纯以武力维护政权。在清朝，统治者在实行满洲根本的基础上，实行满汉一家政策。具体做法有停止圈地、笼络汉官、开科取士、尊孔崇礼、满汉联姻等。

3. 都注重与其他民族的联合执政

元朝的统治者，作为当时蒙古族封建贵族的代表，从维护元王朝统治的根本利益出发，不得不与其他民族的封建贵族联合起来，共同执政，共同联合统治广大的元朝人民。蒙古族作为一个少数民族登上了统治者的宝座，但面对汪洋大海似的汉族，以及众多的其他少数民族，封建贵族之间的联合和合作也成为必要。元朝的蒙古族统治者清醒地认识到了这一点，并采取了一系列的相关措施来实行与其他民族的封建贵族的联合执政。元世祖忽必烈在即位之后，对曾经支持他的汉族知识分子和汉族地主武装头目大量进行官赏。对于其他各族上层贵族，忽必烈也封官拜爵加以利用，很多少数民族的贵族担任了显官要职。元朝王室为了笼络边疆少数民族上层贵族，以达到联合执政的目的，更是以直接的政治联姻作为重要联合手段。

清朝时期，满族与汉族和其他少数民族的力量对比关系决定了满族贵族必须建立以满族贵族为主、联合汉族上层人士和蒙古贵族的联合封建王权。在这个问题的处理上，满族贵族的政治才干充分得到了展示，清朝统治者的联合执政政策的高超性要远远大于元朝统治者。特别是和蒙古贵族的联合，是满族贵族在多民族联合执政方面的典范。可以说满族贵族能登上全国统治地位，成为全国的统治者，最大的成功之处之一，就在于处理好了和蒙古族的联合执政问题。这一政策的正确执行，直接改变了满族和汉族的力量对比状况，变被动为主动。

4. 都注重对边疆少数民族关系的处理

元朝疆域空前辽阔，民族至为众多，为了有效地统治边远地区，元朝政府一方面实行军事统治，以“宗王将兵，镇边徼襟喉之地”①；另一方面采取因俗而治的手段，利用当地的上层分子作为有力的统治支持。元朝统治者针对边远地区的特点，分别实行了土官制、政教合一制等政策。正是在这些政策

① 〔明〕宋濂等撰.《元史》卷99. 北京：中华书局，1976年版. 第2538页。

的作用下，云南、吐蕃、畏兀儿等一些历史上被统治者看作“化外之地”的边疆民族地区，在元朝正式纳入了中国的版图。在边地开发方面，元朝政府通过移民、屯兵、开辟驿道等方式，使各民族人民的互相交往和交流空前增多，使许多自古被称为荒徼之地的少数民族地区得到了进一步开发。特别是政治上的统一，驿道的开通，改变了原来少数民族闭塞的局面，为边疆少数民族地区和内地的文化及经济交流提供了极为有利的条件。

清朝末年，清朝政府在对边疆地区的治理过程中也作出了很大的贡献。清政府对少数民族鼓励垦荒，减免税赋，甚至还派官员到边区指导农业生产，这在历代民族政策中是不多见的。特别是少数民族教育政策，通过鼓励少数民族子弟入学和优待民族子弟入学，“从广设义学社学到允许少数民族参加科举考试，形成了比较完整的民族教育体系”①，对少数民族地区经济文化的发展具有特别深远的影响。清代的边区治理所取得的成就是有目共睹的，得到了多数历史学家的肯定。

（三）元朝和清朝民族政策的不同之处

1. 赤裸裸的民族不平等政策和“满汉一家”的区别——执政理念的不同，把握民族关系格局的准确性不同

以少治多的元朝蒙古统治者，承袭金朝女真统治者的民族等级政策，根据不同民族被征服的先后，毫不掩饰地公开把全国各族人民分为四等，即蒙古人第一等、色目人第二等、汉人

① 徐杰舜、韦日科主编.《中国民族政策史鉴》. 南宁：广西人民出版社，1992年版. 第494页。

第三等、南人第四等。这四等人在政治权利、法律地位等很多方面都有所区别。在政治上，蒙古人地位最高，色目人次之，汉人、南人地位最低；在法律上，蒙古人享有特权；在科举上，蒙古人、色目人优待一等。元朝统治者采用四等人制的目的是分化、瓦解汉民族，使民族间互相牵制，减少来自汉族的威胁。从根本上说，是为了维护民族特权，巩固专制统治。

满族贵族建立的清王朝，作为封建贵族建立的政权，由于受阶级和历史因素的影响，也不能摆脱民族压迫、民族不平等的局限性，但是他们认识到了在新形势下，靠武力是不可能取得国家的长治久安的，各民族的相对和谐是国家稳定的基本前提。因此，在满汉政策上，清朝的基本国策是“满洲根本”，但又辅之于“满汉一家”。主要表现有在官制方面的满汉并用，在社会方面的提倡满汉通婚等。

这两种制度深刻反映了两个朝代的统治者的执政理念的差别。元朝统治者尽管也实施一系列的刚柔并济、联合执政政策，但从根本上说，他们仍将广大汉族和其他少数民族视为被统治民族，无视其他民族的风俗习惯，以征服者的心态来对待各民族。在政策的制定和实施中刚性有余而柔性不足，对其他民族的驻军防守、赤裸裸的民族等级制都是其明显反映。清朝的统治者在执政理念和执政措施上要远远优于元朝统治者。清朝统治者把“尊王攘夷”的华夷观修改为“尊王黜霸”的华夷观，满足了统一多民族国家的巩固和发展需要。清朝统治者以人为长城的思想和元朝到处驻军防范的策略是不可同日而语的。这种用人而不是用土石固边御敌的思想，充分体现出清朝统治者在制定和实施民族政策的理念方面实现了历史性的飞跃，反映了清朝统治者博大的政治胸怀和杰出的政治抱负。[1]

从元朝赤裸裸的民族不平等和清朝的“满汉一家”之对比中可以看出两个朝代的统治者对民族关系格局的把握上的不同和应对民族问题的策略之不同。元朝统治者和清朝统治者的差别就在于其对民族关系格局中的主要矛盾的把握不足和应对政策的灵活性不足。元朝统治者只看到汉族是最大的威胁，而清朝统治者不但看到了汉族是最大威胁，还看到了汉族问题的顺利解决，对整个国家民族问题基本顺利解决的重要性。元朝统治者对待民族矛盾的方法更多的是刚性的压迫和不平等手段，而清朝统治者在对待民族矛盾时，根据不同时期的特点，采用了刚性和柔性相结合的手段。可以说在某种程度上，正是这种差别导致了元朝短暂的历史命运。

2. 土司制度与改土归流的区别——政策的与时俱进程度不同

元朝政府在灭了大理，招降了西南各民族后，根据西南民族地区的实际情况实施了土司制度。土司制度是对秦汉以来直至唐宋时期，封建政权用于统治少数民族的羁縻制进行改造后的产物。元朝的土司制度形成了以土著少数民族上层人士充任当地政府机构长官的制度。土司制度使元朝政府把经济、社会发展极不平衡的西南少数民族地区统一在了自己的政权之下，达到了使西南民族地区内部的社会结构暂时不发生重大变化，又从各个方面对其施加积极影响的目的，这在当时的情况下，

---

① 余梓东著.《清代民族政策研究》. 沈阳：辽宁民族出版社，2003 年版. 第 52 页。

是有进步意义和积极作用的。但这种带有严重割据性质的政治制度只能是权宜之计，本来在当地就有着极大实力的土官们，在中央王朝的认可下，更快地积累起自己的实力，反而最终成了元王朝的心腹大患。

清王朝在建立初期，继续实行土司制度。但随着时间的推移，清朝政府认识到了土司制度的弊端，开始实行“改土归流”政策。“清代的改土归流，始于康熙朝，盛于雍正朝，收于乾隆朝”①。清政府在四川、云南、广西等广大西南少数民族地区实施了“改土归流”政策，使西南的统一得到了保证，为西南地区以后的发展扫清了道路。正像余梓东教授所述，“改土归流大幅度提高了国家政治统一的程度，改变了部分少数民族成员的政治隶属关系”“稳定了统治秩序，深刻地改变了部分少数民族的社会生存环境，打破了部分少数民族的封闭状态，促进了部分少数民族社会的发展”。② “革除了土司制度在行政管理方面的弊端，有效地减少了部分少数民族社会与内地汉族社会在社会发育程度方面的异质性，有利于各民族之间的联系与交往，增强了中华民族的凝聚力。”③

土司制度与“改土归流”的不同不仅在于名称的不同，而且反映了元清两代统治者在民族政策方面与时俱进的差异性。

---

① 白寿彝主编.《中国通史》第 10 卷上，上海：上海人民出版社，1996 年版. 第 200 页。

② 余梓东著.《清代民族政策研究》. 沈阳：辽宁民族出版社，2003 年版. 第 281 页。

③ 余梓东著.《清代民族政策研究》. 沈阳：辽宁民族出版社，2003 年版. 第 281 页。

对于一个刚刚建立的政权，在统治基础相对薄弱的时候，采取一定的权宜之计是正确的，但随着政权基础的稳固，对于当下的民族政策需要适时进行考察和改变。土司制度在元朝建立之初是具有进步意义的，但随着时间的推移和社会条件的变化，其性质和状况发生了变化。元朝与清朝民族政策上的与时俱进的差别，在这一政策的实施上得到了明显的体现。

3. 帝师制度与册封制度的区别——对民族宗教事务的掌控力不同

元朝对吐蕃地区的统治和治理，主要使用政治性的宗教羁縻政策，帝师制度和宣政院的设立是这种政策的具体实施。其特点是扶植宗教势力，促进政教合一，利用宗教势力在当地的影响来达到对少数民族进行统治的目的。从忽必烈开始，元朝就开创了帝师制度，先后册封了 14 位帝师。帝师不仅是全国的最高宗教领袖，而且被授予全吐蕃地区之统治者的地位。元朝政府这种政策的实施，结束了吐蕃的政权分散、互不统摄的局面，使整个吐蕃地区置于全国政权的管辖之下，将其纳入了元朝的版图。这一政策的实施使西藏建立了名副其实的政教合一体制，对以后的西藏的社会、政治、经济、文化发展产生了极大的影响。

清朝政府对西藏的治理仍然沿用元明时期的政教合一的政策，但对这一政策进行了一系列的改进，努力革除这一制度中的弊端。顺治十年（1653 年），清世祖册封五世达赖阿旺罗桑嘉措，并恩赐金册金印，形成了达赖喇嘛必须经清朝中央政府册封的定制。乾隆对西藏原有的政教合一制度进行了大胆的改革，如“金瓶掣签”制度的出现和《酌定西藏善后章程》的出台。通过这些制度的实施，清朝政府加强了对西藏宗教势力的掌控程度，明确了西藏的宗教势力必须受中央政府控制。这种政教合一制度和对宗教势力的合理掌控使清朝中央政府对西藏的管理和统治得到了极大的加强。

元清两代都在西藏实施政教合一制度，但在后续政策的出台和对宗教势力的掌控方面，两者有着明显的差别。在这一方面清朝统治者比元朝统治者要高明许多，他们认识到利用宗教势力是必要的手段，但必须使这种势力在自己的控制范围之内，并且通过一系列的制度使之定型化。通过这些制度的实施，清朝政府把宗教势力牢牢地掌控在了自己的手中，避免了宗教势力的坐大和对自己政权的威胁。

4. 民族政策的前后统一性不同

元朝在建立之初，也曾试着实行任用汉官、实行汉法的政策，并且取得了一定的成效。元朝统一中国的过程中，汉族官员也发挥了一定的作用，但随着汉族对蒙古族抵抗的增多，特别是中统三年（1262 年）的“李璮之变”，使本来就对汉族人心存疑惧的统治者对汉族更加猜忌了，这才实施了重用色目人的政策。在这种情况下，元朝统治者放弃了原来正确的民族政策，开始实施民族等级政策，想通过各民族间的互相牵制达到以夷制夷的目的，正是这种偏离正确轨道、转而实行的民族等级政策，葬送了自己的统治地位。

清朝统治者在建立稳定的政权后，开始积极寻找如何处理与汉族关系的民族关系的策略。在清楚认识了民族格局特点的基础上，他们提出了“满汉一家”的主张，并且将其贯穿于清王朝的整个统治时期，这种坚持正确民族政策的渊源甚至可以追溯到后金时期。清朝政府正是“在对后金政权民族政策继承的基础上，进一步发展和完善了清朝民族政策体系”，“构成了包括汉族地区在内的覆盖全国的管理体制和管理网络，全国形成了政治上统一的、协调的整体，积极营造了政治上广泛认同和文化上适度宽容的氛围，并使国家的政令畅通，国家的政治意识扩展到全国，切实把政治离心力减少到最低限度”。①

从上述例子中我们可以看出，元朝统治者和清朝统治者在民族政策方面有着明显的差距。无论从制定民族政策的理念，从民族政策的制定、实施、监督过程看，还是从民族政策的实施效果看，元朝统治者都逊色于清朝统治者。

---

① 佘梓东著.《清代民族政策研究》. 沈阳：辽宁民族出版社，2003 年版. 第 151 页。

第三章　清代民族政策法制化实践

清代民族政策法制化有其发展过程。早在清军入关前，清朝统治者就开始了民族政策法制化的实践过程，制定了一些民族法。在清军入关以后，面对统一全国的政治任务，清朝统治者继续采用法制化的手段管理少数民族事务。随着清朝统治者统一范围的扩大，民族政策法制化涉及的范围也进一步扩展。特别是理藩院成立以后，清朝的民族政策法制化走上了正规化和快速发展的道路。以理藩院立法为主，清朝政府制定了一系列民族法律法规和单行法，为清朝的依法治边奠定了基础。清朝的民族政策法制化的实践过程给后人留下了宝贵的历史经验和教训，值得我们进行深入的研究。

第一节　清代民族政策法制化的发展过程及阶段性特点

一、入关前后的民族政策法制化及其特点

入关前后的民族政策法制化过程主要是指努尔哈赤、皇太极和顺治皇帝三人在统一东北，联合蒙古入主中原时期的民族政策法制化实践过程。这一时期的法制化内容由于史料的缺失，大部分法令的原文已无从考证，后人的研究大多来自相关史料

中的片段性记载。但根据相关史料的相互印证，这一时期的民族政策法制化也有很多值得研究的内容。

入关前后的法制化过程和内容是与当时的民族政策密不可分的。入关前民族政策的重点在于如何利用恩威并施手段将归降的汉族和归附的蒙古族纳入自己的统治范围，壮大自己的实力，在与明王朝争夺天下的斗争中取得主动权。所以这一时期的民族政策法制化的内容主要为针对归降的汉族和归附的蒙古族的法制化管理。其中对蒙古族的立法是这一时期民族政策法制化的重点和亮点。

在努尔哈赤时期，蒙古各部和满族的关系更多的属于盟友关系，即使有一部分漠南蒙古归附后金，也经常处于叛服无常的状态。在努尔哈赤时期，民族政策法制化的实践主要是对后来比较成熟的进贡制度、盟誓制度、封赏制度的草创，如“额附制度”的创立。由于没有强有力的政治统治作为基础，所以这一时期的民族政策法制化只是零散性的。

在皇太极时期，随着漠南蒙古诸部的归降，后金政权盟主地位的巩固，皇太极开始致力于运用法律手段在漠南蒙古建立新的统治秩序。因此这一时期的民族政策法制化的实践活动比较频繁。例如，天聪三年（1629 年）正月，“颁敕谕于科尔沁、敖汉、奈曼、喀尔喀、喀喇沁五部落，令悉遵我朝制度”①。皇太极遣国舅阿什达尔汉出使归顺的蒙古各部，向蒙古诸贝勒申定军令：“尔等既皆归顺，凡遇出师期约，宜各踊跃争赴，协力

---

① 《清实录》.《清太宗实录》卷 5. 北京：中华书局，1985 年版. 第 2 页。

同心。”[①] 崇德元年（1636 年），皇太极下令设置了处理蒙古事务的专门机构——蒙古衙门，并派官员前往漠南蒙古察哈尔、喀尔喀、科尔沁诸部“查户口、编牛录、会外藩、审罪犯、颁法律、禁奸盗”[②]。崇德三年（1638 年），蒙古衙门改称为理藩院，派官员阿什达尔汉及尼堪等人前往科尔沁等部“察审各案”[③]。崇德八年（1643 年），理藩院将太宗时期颁发的“蒙古例”进行整理，形成正式法律，以《蒙古律书》的名称颁发。

在顺治皇帝时期，清军入关后面临着如何迅速稳定国内形势的艰巨任务，同时在漠南蒙古归附稳定之后，漠西蒙古和漠北蒙古也和清朝建立了朝贡关系。对应相应的政治形势和民族政策，这一时期的民族立法主要涉及两个方面，一是对汉族的强制同化法令，二是对蒙古地区的管辖。对汉族的强制同化大多以令的形式出现，如圈地令、剃法令等法令。对蒙古地区的立法主要以制定各种规制为主。顺治八年（1651 年）二月，定厄鲁特、喀尔喀贡使赏例。同年三月，定外藩蒙古袭职例。顺治九年（1652 年）八月，定外藩蒙古婚娶礼制。顺治十年（1653 年）正月，定外藩蒙古亲王以下、公以上随从、服色之制。同年同月，又定俸禄之制。顺治十二年（1655 年）六月，定赐恤外藩蒙古王公例。顺治十五年（1658 年）九月，议定理藩院大辟条例。

这一时期的清朝政府的实力有限，统治范围较小，所以其

---

① 《清实录》.《清太宗实录》卷 5. 北京：中华书局，1985 年版. 第 11 页。

② 《清实录》.《清太宗实录》卷 16. 北京：中华书局，1985 年版. 第 399 页。

③ 《清实录》.《清太宗实录》卷 16. 北京：中华书局，1985 年版. 第 546 页。

民族政策涉及的范围也有限。同样，民族政策法制化的范围仅限于对蒙古族和汉族的立法。这一时期的民族政策法制化体现出极强的初始性和不完善性，是民族政策法制化的初步探索和实践。

二、康雍乾时期的民族政策法制化

康雍乾时期是清代实现国家统一的重要时期，在康雍乾三位皇帝的努力下，在乾隆年间最终统一了全中国。因此，这一时期的主要政治任务是如何通过有效的手段实现国家的统一。与此相适应，这一时期的民族政策重点是如何通过适宜的民族政策推动国家的统一大业，在取得统一的民族地区如何实现有效化管理。这一时期的民族政策法制化也是和这一政治任务分不开的。

在康熙年间，清朝政府开始对前期实施的对汉族强制同化手段进行反思，当然也是汉族地区统治逐渐稳定的一种反映。康熙皇帝在对汉族政策方面实施了一些改良措施，在法制化方面也就出现了一些改善满汉关系的法令，如废止圈地令等。在边疆地区，除了漠南蒙古的统一以外，漠北蒙古和漠西蒙古一部分也实现了统一。康熙皇帝在统一这些地区以后就需要制定管理这些地区的政策，其中一部分内容也就会以法制化的形式出现。康熙时期民族政策法制化实践主要有以下内容。康熙帝即位后不久，随着清朝统治下的民族地区的扩大，清廷认为管理蒙古事务的理藩院责任重大，于是定理藩院等级与六部等同。理藩院尚书照六部尚书例，入议政之列。此项立法提高了理藩院的政治地位。康熙年间，开始了清朝法律的重要法典《大清会典》的编纂，作为五朝会典之一的《康熙会典》，专门列入了理藩院部分。《康熙会典》中理藩院部分的内容共分为四卷，对清朝初期直至康熙二十五年（1686 年）间对蒙古地区的立法进行了整理。其法律条文共有 77 条，依照当时理藩院的职权分工，按照录勋、宾客、柔远、理刑四司的顺序排列。

雍正在位期间，平定了青海蒙藏地区。为了对新归附的青海蒙藏地区进行有效管理，雍正皇帝依照清朝立国以来一贯坚持的“因俗而治”“分其势而众建之”的民族政策原则，对青海蒙古地区进行了民族立法。其间，清朝政府的民族政策法制化的成果主要有三部法律，即《青海善后事宜十三条》、《禁约青海十二事》和《西宁青海番夷成例》三个特别法规。《青海善后事宜十三条》是大臣年羹尧在平定青海后向雍正皇帝提出的关于青海地区的善后措施和暂时的管理制度。这些建议在经过清廷批准后成为实施于青海地区的民族性法规。《青海善后事宜十三条》基于青海新定的实际情况，在形式上尽量就简。虽然《青海善后事宜十三条》的形式极其简略，但内容涉及范围极广，包括政治、经济、军事和宗教等多个方面。《禁约青海十二事》也出自年羹尧奏折，是为了对《青海善后事宜十三条》未尽事宜或不完善之处进行补充所作的规定。这些内容在经过清廷批准之后也成为青海地区的专门性民族法规。雍正十一年（1733 年），清朝政府令西宁办事大臣达鼐等人编纂《西宁青海番夷成例》，次年（1734 年）钦定颁发。这是清朝对青海地区颁布的一部以刑事法规为主，兼民事法规和行政法规的特别法规。《西宁青海番夷成例》与前两个法规的不同之处在于，一是其内容较为丰富，涉及民事、经济、家庭、婚姻等多个方面，可以适应一个民族地区的长期管理，不同于上述两者的暂时性较强的性质。也因为这一点，清朝政府原打算五年后改用大清律的初衷一再被推迟，直到乾隆年间才规定不再改用。二是该法规吸纳了很多民族地区的习惯法，体现了清朝民族立法开始变得成熟。三是引入了很多内地法律的条款，逐步使青海地区融入内地的管理模式。在雍正年间，改土归流政策的实施是当时的一项重要政策，也对后世产生了深刻的影响，但在改土归流过程中并没有形成规范化的立法成果，这可能和清代苗疆各地的社会发展差异性太大，清朝难以以统一的法规来规范改土归流活动有关。雍正年间，关于改土归流的法规大多以章程的形式出现。这些章程是由当地官员根据当地实际拟定的管理建议，经清廷认可后具有法律效力，比如《云贵总督鄂尔泰疏奏经理仲苗事宜十条》《四川总督鄂山等奏筹议善后章程十条》等。这些章程内容的具体性很强，所以一般不具有普遍性的立法意义。

乾隆年间，在前几位皇帝的基础之上，国家统一的步伐更为加快。在乾隆年间，清朝不但统一了蒙古各部，而且将新疆回部、西藏等地也纳入了自己的统治范围。在这些民族地区进入清朝版图之后，对新收疆土的善后工作和运用新的统治方式管理这些地区成为必要，所以乾隆年间的民族政策法制化成果非常丰富。乾隆年间对蒙古地区的法制化的最大成果是《蒙古律例》的出现。《蒙古律例》继承了自清初以来对蒙古地区立法的成果，无论是体例和内容上都有重要突破，成为乾隆以后清朝统治蒙古地区的法律范本。《蒙古律例》定名于乾隆六年（1741 年），在乾隆年间历经几次修改，定型于乾隆五十四年（1789 年）。乾隆五十四年编纂的《蒙古律例》共分为 12 卷，

209 条，分为 12 门，包括官衔、户口差徭、朝贡、会盟行军、边境卡哨、盗贼、人命、首告、捕亡、杂犯、喇嘛例、断狱。从内容上看，《蒙古律例》同中华法系的一般法典一样，属于诸法合体性质的法规；从使用范围来看，其是只适用于蒙古地区的专门性法规。但从法典的命名上看，它已经采用了内地法典的一般命名方法，符合清代一般法典的命名规则。从法典的编排体例看，它已经采用了传统中华法系的 12 门编排模式，但其中一些门为其特有形式。从整体上看，它体系严密，内容丰富，属于综合性法规。《蒙古律例》的出现标志着清代的民族立法开始走上系统化和正规化的道路，为后期的民族政策法制化奠定了基础。乾隆年间，虽然统一了新疆回部，但对于回部并没有大型的立法活动，其间的民族事务管理规则大多来自于大臣的上奏，然后由皇帝批准执行的方式制定。乾隆年间，清朝政府在西藏最重要的立法成果是乾隆十六年（1751 年）的《酌定西藏善后章程》和乾隆五十八年（1793 年）的《钦定藏内善后章程二十九条》。《酌定西藏善后章程》是清政府在平定珠尔默特那木札勒叛乱后制定的。该章程废除了清朝政府在西藏封王的制度，采用由三俗一僧四位地位平等、互不统属的噶伦组成噶厦的行政管理体制，防止出现一人主政专权的弊端。同时，授权七世达赖掌政，规定噶伦“遇有紧要禀告务，禀知达赖喇嘛与驻藏大臣，遵其指示而为”①。自此，西藏“政教合一”的政治体制正式成立。《钦定藏内善后章程二十九条》是福康安率军打败廓尔喀侵略者后，对西藏制定的一部法规。福康安以乾隆

① 《清实录》.《清高宗实录》卷 386. 北京：中华书局，1985 年版. 第 75 页。

皇帝钦定的六条治藏方针为基础，会同达赖和班禅议定了《钦定藏内善后章程二十九条》。《钦定藏内善后章程二十九条》的贡献主要有两个方面，一是加强了驻藏大臣的行政权力和管理涉外事务的权力，使清朝中央政府对西藏地方的统治进一步强化，西藏内部的统治秩序也因此进一步稳定。二是通过建立“金瓶掣签”制度，加强了清朝中央政府和驻藏大臣对达赖、班禅转世的监督，同时通过扩大驻藏大臣的权力，限制了藏传佛教的势力扩张。

乾隆年间的法制化实践特点一是涉及的范围极广，基本涉及全国各地的民族地区；二是随着国家的稳定，政策法制化的速度加快，立法数量增多；三是民族立法逐步走向规范化、正规化，特别是后期，和以前的临时性立法相比有明显区别。

三、清朝后期的民族政策法制化

清朝后期的民族政策法制化主要贡献在于对中前期的法规进行了总结并使之规范化。其中属于原创性的内容极少，大部分是对中前期特别是康雍乾时期的民族立法进行增补、修改和使之体系化。在这一时期最重要的两部民族法是《理藩院则例》和《回疆则例》。特别是前者，体系完善、内容丰富，是清朝民族立法之大成。

乾隆年间统一蒙古各部后，清朝政府已经基本实现了全国的统一。经过数十年的善后与发展，到嘉庆年间，国内各少数民族地区基本稳定下来。为了对以蒙藏为主的全国边疆少数民族进行有效的统治，需要制定一部适用于中国西部、北部各少数民族的综合性法规。《理藩院则例》正式开馆编纂始于嘉庆十六年（1811 年）四月。四月十八日的理藩院《原修则例原奏》载："查臣院旧有满洲、蒙古、汉字则例二百零九条，自乾隆五十四年校订后，迄今二十余载，所有钦奉谕旨及大臣等陆续条奏事件，俱未经纂入颁行。"① 在理藩院的申请下，清廷设立纂修馆，任命和世泰主持修订《理藩院则例》。《理藩院则例》中的大部分内容为《蒙古律例》中原有的蒙古例，修订者对其进行详尽的审阅，加以删减。由于理藩院将其作为本部门的则例来修，又增入了西藏和俄罗斯等方面内容，因此，改名为《理藩院则例》。嘉庆二十年（1815 年），《理藩院则例》汉文本告成，二十二年（1817 年）刊刻颁行，此后蒙文、满文本亦陆续问世。嘉庆二十二年刊印的《理藩院则例》共有 713 条，分为通例上下两卷和 63 门。道光、光绪时又先后四次修订，光绪三十四年（1908 年）修订改称为《理藩部则例》。《理藩院则例》中通例是关于理藩院的机构和各机构职权的相关规定。《理藩院则例》的主要内容是关于蒙古地区的民族事务管理的相关规定，其中有一部分超出了蒙古族的范围，规定了西藏、青海等地的管理制度，所以它已经成为一部管理多民族事务的综合性法规，在清代民族法规中具有基础性地位。其内容涉及面极广，包括政治、经济、军事、宗教、司法等各个方面。一方面反映了它是清代基础性的综合性法规的性质，同时也是中华法系诸法不分的特性的反映。《理藩院则例》不仅是清代民族立法的代表作，同时也是中国古代民族立法的集大成者。

---

① 〔清〕松森等，西藏社会科学院西藏学汉文文献编辑室编辑.《钦定理藩部则例》. 北京：全国图书馆文献缩微复制中心出版，1992 年版. 第 3 页。

《回疆则例》是清朝统一新疆后为有效辖制回疆地区而制定颁行的一部内容涉及政治、经济、宗教、司法管辖诸方面的重要的民族法规。理藩院于嘉庆十六年（1811 年）七月开始纂修《回疆则例》，嘉庆十九年（1814 年）编成，嘉庆二十年（1815 年）钦定成书。《回疆则例》在体例上没有“门”的设置，它只是将每卷的条款按时间作了一个有序的排列，分为原修、修改、修并及增纂、续纂各条；名目开列本例之首，冠以年份，以别新旧；并于本例之下逐加按语，陈明原委；有原例者，先叙原例于前，次列修改新例于后。《回疆则例》对以伯克制为主的民族职官管理制度进行了法律确认和规定，对宗教政策进行了法律确认和强调。由于意识到政教合一对中央集权不利，清政府采取了政教分离的治理措施以削弱宗教势力，如规定阿訇不得干预政务，将政权从教权中剥离出来；对关于回疆的经济和行政管理方面进行了规定。如对回疆地区经济贸易的规定，对回疆地区的驻军、屯田、货币、贡赋、度量衡等制度的规定。

第二节　清代民族政策法制化的成果

清代民族政策法制化过程前后经历了 300 多年。其间，随着政治形势的变化，民族地区社会、经济状况的变化，清朝政府的民族政策法制化进程在不断推进，形成了诸多阶段性的成果。随着历史的发展，这些立法成果在不断地被修改和增删，形成了清代民族政策法制化的演进史。在研究清代民族政策法制化成果时我们必须注意两个方面的问题。一是民族立法和清朝历史发展的关系。清朝历史发展的大致状况决定了清代民族政策法制化整体成果的状况。比如，在清朝统一全国以前，要制定适用于全国各地区的民族法是基本不可能的。所以在评价一部民族法时，不能脱离于当时历史发展实情。二是诸多阶段性民族法间的联系。民族政策法制化的前后继承性很强，要真正理解民族政策法制化的阶段性成果，必须清楚其发展过程和前后的继承性。总体来说，清代的民族政策法制化成果极其丰富，自成体系，前后相继，是中国封建社会民族政策法制化的代表性之作。

一、专门性民族事务管理机构理藩院的设立

理藩院是清朝政府所设专门管理少数民族事务的中央机构。理藩院的名称、机构设置、权力配置是一个逐步变化的过程。理藩院雏形出现于后金政权时期。在努尔哈赤时期，由于国家机构比较简单，还没有形成专门的管理少数民族事务的机构。皇太极继位后，随着后金政权的发展，开始着手设立各种中央机构来管理相应专门性事务。天聪五年（1631 年），皇太极采纳汉官的建议，仿照明制设立了吏、户、礼、兵、刑、工六部。六部之下均设有满、汉、蒙承政。崇德元年（1636 年），清朝政府设立蒙古衙门作为专门管理蒙古事务的机构，这是理藩院的雏形。在蒙古衙门中设立承政三到四名，官位较低。清崇德三年（1638 年），清朝政府在蒙古衙门的基础上设立了理藩院，内设承政一人。顺治元年（1644 年），清朝政府仿照明制改设官员职位，理藩院内设承政改为尚书。顺治十八年（1661 年），皇帝下谕：“理藩院职司外藩王、贝勒、公主等事务及礼仪、刑

名各项，责任重大，非明朝可比。凡官制体统，应与六部相同，理藩院尚书照六部尚书入议政之列。该衙门中向无郎中，今著照六部，设郎中官”①，理藩院开始具有和六部基本平等的行政地位，并规定理藩院位列工部之后。理藩院的内部机构设置也基本初具规模，内设录勋、宾客、柔远、理刑四司。理藩院的机构设置在康熙年间也经过了数次变化，到康熙末年，理藩院的组织机构基本完善，内设尚书一人（满洲），左、右侍郎各一人（满、蒙补授），郎中十一人，员外郎二十九人，堂主事六人，满文笔帖式十九人，汉军笔帖式六员，蒙古笔帖式四十一人。理藩院的机构设置在雍正和乾隆年间也发生了很多变化，到乾隆末年，理藩院的机构设置才最终基本定型。理藩院共设有旗籍、王会、典属、柔远、徕远和理刑六清吏司，以及满档房、汉档房、蒙古房、司务厅、当月处、督催所、银库、饭银处、俸档房等机构。族籍清吏司主要掌管漠南蒙古诸部的划定疆域、封爵、会盟、驿递、军旅等事务，以及直属理藩院的归化城土默特部和黑龙江打牲处各部事务；王会清吏司主要掌管漠南蒙古诸部王公贵族和下嫁公主的俸禄、朝贡、赐禄、围班等事务；典属清吏司主要掌管外札萨克蒙古划定边界、会盟、屯戍、封袭、驿递等事务，蒙藏各地喇嘛事务和部分少数民族地区的贸易和外贸事务；柔远清吏司主要掌管外扎萨克蒙古王公和蒙藏各地喇嘛的俸禄、年班、朝贡、赏赐等事务；徕远清吏司主要掌管回部札萨克的岁贡、爵禄事务，回城卡伦外各部落的朝贡、给衔等事务，四川土司年班事务；理刑清吏司主要

---

① 《清实录》.《清圣祖实录》卷4. 北京：中华书局，1985年版. 第82页。

掌管蒙古、回部、西藏等全国少数民族地区的刑狱、诤讼事务。嘉庆以后，理藩院的变动较小。直到清朝末年，为了挽救行将灭亡的清朝封建政权，清朝统治者下令实施“新政”，对理藩院也作了相应的调整。光绪三十二年（1906 年），理藩院更名为理藩部。理藩部仍保持六司的内部设置不变，但附属机构以及一些具体事务分出了理藩部管理范围，如外交事务的划出。清朝的理藩院具有以下几个特点，一是理藩院作为主管少数民族的专门机构，行政级别相当之高。如入关以后的理藩院和都察院、六部地位平等，合称为清朝政府的“八衙门”。理藩院的最高首领与六部一样同为尚书，行政级别与六部尚书相同。由此可以看出清朝统治者极其重视少数民族问题和少数民族事务的管理。二是理藩院的职权范围相当广，基本涉及了少数民族地区事务管理的全部。理藩院的职权范围不但涉及民族地区的区域划分，而且涉及民族地方政权与中央政权的关系，民族地区的宗教事务管理，民族地区的军事事务管理，甚至涉及部分外交事务的管理，还有立法权和部分司法权。理藩院职权的广泛能够使熟悉少数民族情况的官员对少数民族事务进行有效管理，实现民族事务管理的专门化。三是理藩院内部机构设置特色鲜明。理藩院下属机构的职能划分标准是综合性的，而非单一的划分。有些下属机构的职权划分是以地域为标准的，如族籍清吏司、徕远清吏司和典属清吏司；有些下属机构的职权划分是以事务性质为标准的，如理刑清吏司。这种综合性的划分标准适应于清朝各少数民族地区的不同管理模式和社会特征，对后世的机构设置应该有某些借鉴意义。总之，理藩院在有清一代对清朝有效管理少数民族地区起到了不可忽视的作用，实现了少数民族事务管理的专门化和规范化管理，对后世的影响极大。赵云田认为："理藩院是清朝以前中国历代边疆民族管理机构的继承和发展。作为清政府的一个中央机构，它在清朝前期多民族统一国家发展巩固过程中起过一定的作用，在处理对俄外交事务中，在清朝最高统治者的指令下，基本上维护了清朝国家主权和统一。"①

二、清代民族政策法制化成果的体系构成

清朝是我国历史上统一的多民族国家的鼎盛时期。为有效推行封建统治、保持边疆地区的稳定，清朝统治者总结历代封建统治者的民族统治和民族立法经验，遵循国家法制统一的原则，针对东北、西南、西北等地少数民族进行了卓有成效的民族法制建设，形成了以《大清律例》《大清会典》为母法，以《理藩院则例》和适用于不同民族的单行法为子法的少数民族法律体系。

《大清律例》是我国历史上最后一部封建制法典，是清朝的传世基本法典。其性质为以刑为主，诸法不分。《大清律例》编纂于顺治年间，初定名为《大清律集解附例》。乾隆五年（1740年），更名为《大清律例》，通称《大清律》。《大清律例》律文分为七篇，篇目冠以律名，故谓之"七律"。首篇是名例律，其次各篇按六部命名排列，即吏律、户律、礼律、兵律、刑律和工律。《大清律例》律文之后所附的条例，是其重要

① 赵云田著.《清代治理边陲的枢纽——理藩院》. 乌鲁木齐：新疆人民出版社，1995年版. 第65页。

组成部分。条例即皇帝认可的判例和皇帝根据某些具体案件的处理发出的带有规范性的命令和规定，简称为例。例是律的补充，同律一样，也是审理案件、定罪量刑的依据。但律和例也有不同，首先律的纂修比较慎重，具有相当的稳定性；而例则因时制宜，随时增删和修改（乾隆时定制五年一修），因而是一种更为灵活的法律形式。其次，例的数量大大多于律条。雍正三年（1725 年）时就有八百十五条，到同治时更增至一千八百九十二条。由于例繁杂众多，常与律文发生抵触，彼此之间矛盾重重。最后，在司法实践中，例的法律效用大于律。通常是有例不用律，有新例不用旧例；律与例都没有明文时则采用比附，实际上还是用例。清朝作为多民族国家，《大清律例》中关于边疆民族地区的条文很多，有一百余条，其中有一部分是与特别法重叠的。

《大清会典》，简称《清会典》，是清朝所编修的具有行政法性质的法典。其主要内容是关于政治制度和部门职责分工的相关规定。清朝前后有康熙、雍正、乾隆、嘉庆、光绪五部会典，合称《五朝会典》，统称《大清会典》。《大清会典》一般把典则与事例分开，称“会典”和“会例事例”。大致以典为经，例为纬，事例作为会典的辅助。会典中关于民族法的部分主要记载了两部分内容，一是理藩院的职掌、事例、活动原则及有关制度。二是理藩院的一些事例。其实《理藩院则例》就是得名于此。只不过会典中记载的事例由于修典时间的不确定性和较长的间隔性，可能时效性不如专门的则例强。

《理藩院则例》前文已有叙述，相关内容不再重复。所谓则例，就是把衙门中经办的事例归纳起来，选编成册，由皇帝批准颁布实施，作为会典的实施细则，使有关官员在办理事务时有所参照遵循。会典和则例的基本关系是：会典作为全面规范国家活动的总纲，从总体上规定了国家的行政体制、机关设置与职责、官员的选拔与考核、行政活动程序等基本准则，用以调整整个国家组织活动和管理活动中的行政法律关系。而则例则根据会典所确定的基本精神，具体规范各部门、各系统的职权范围，各级官吏的职责及其应承担的法律责任，是会典的实施细则。[①]

关于适用于各民族地区的单行法很多，主要有以下几个地区的民族法：蒙古地区、青海蒙藏地区、回部、西藏地区。下面做详细的介绍。

三、关于蒙古地区的民族法

关于蒙古地区的民族立法在清代历时最长，成果也最多，可以说清代的民族法就是以关于蒙古的民族立法为主体的。清代对蒙古的立法自努尔哈赤、皇太极时期就开始了探索，到康雍乾时期是蒙古立法的大发展时期，乾隆末年和嘉庆年间基本稳定和定型。清朝的对蒙古立法经历了从不完善到逐步完善到最终的制度化和规范化的发展过程。清朝的对蒙古立法的代表作是《蒙古律例》和《理藩院则例》。

清代对蒙古立法的内容包括以下几个方面：一是用法律形式确立蒙古地区的行政建制和行政区划。清朝政府通过法律手段把旗盟制确立为蒙古地区的行政建制单位，并且详细规定了

---

① 丁华东.《清代会典和则例的编纂及其制度》.《档案学通讯》. 1994 年第 4 期。

各旗的行政区域范围。旗盟制的主要内容包括封爵、编佐、置旗、设盟、置官等多个方面。原蒙古各部在内蒙古设立 6 盟 49 旗，在外蒙、新疆、青海地区设立 150 旗。旗不仅是清朝国家行政体制中蒙古地区的行政单位，而且是军事单位。清朝民族法规定蒙古札萨克必须严守各自的牧地管界，不得互相侵犯；牧地只能由朝廷指定或调整，札萨克和盟长无权分封领地；为了驻军、驿站、牧场、猎场等需要划归朝廷占用的土地，任何旗都不得侵犯；保护畜牧业生产，各旗不得越界放牧，开垦农田要遵守章程。清朝统治者通过旗盟制的建立，把历史上居无定所的蒙古民族固定下来，并且通过各种手段将蒙古民族牢牢控制在自己手中，既消除了对自己的军事威胁，也壮大了朝廷的实力，从而对其他地区形成威慑。二是用法律手段确认了和蒙古族上层人士的结盟关系。由于满族力量有限，满蒙联盟一直是建立和维护满族统治权的基础。而在当时的蒙古，部落首领在民众间有着广泛而深刻的影响。为了建立和巩固满蒙联盟，用法律手段确认和蒙古族上层人士的盟友关系成为必要。清朝历代统治者频繁地通过优抚、册封、联姻、赏赐等方式，对蒙古地区的上层人士进行笼络和控制。三是用法律手段确立蒙古地区的司法制度和宗教制度。在司法制度方面，清朝的民族法规定在司法管辖与审判方面，蒙古地区司法权实行地方自治与中央控制相结合的方法。少数民族地区首领对发生在本族本地区内的案件拥有审判管辖权，同时又通过中央派遣的官员对重大案件进行上诉或再审复审进行监督。但是，死刑复核权、司法终审权，特别是涉及统治权的重大犯罪，统归中央。理藩院是主管内外蒙古、青海、回疆等地区事务的中央部门，也是这些地区的上诉审级，但必须会同刑部等三法司审核，死罪监候还要入于秋审。这样，蒙古地区的终审权特别是死刑的终审权就统一到中央了。在宗教制度方面，由于蒙古地区民众大都信仰藏传佛教，佛教信仰已经成为蒙古民族生活和风俗习惯的一部分，清朝统治者因俗制宜，用法律手段来调节蒙古地区的宗教制度。法律对蒙古地区的宗教制度规定包括两个方面，一方面是对宗教人士的优待，包括封号、赏赐、待遇等各个方面；另一方面是对宗教权的控制，如喇嘛的出行、升迁、活动等各个方面。

清朝对蒙古族的立法内容最为丰富，体系最为健全，效果也最为明显，是清代民族立法的基础和典范。

四、关于回部的民族法

清朝对回部的统一时间比较晚，直到乾隆二十四年（1759年）平定大小和卓之后，才开始对回部的伯克制进行改造，用法律手段来管理新疆回部。在对回部的立法中，代表作是《回疆则例》的制定。乾隆二十六年（1761 年），“因事务繁多，专设徕远一司，承办第查，办理回疆一切事件”①。在理藩院内专门设立徕远司专管回疆事务。嘉庆十六年（1811 年），理藩院奏陈“查得臣院承办回疆事件内所有钦奉御旨及臣工条奏积案繁多，未便纂入蒙古则例，以致条款混淆，应请另行编纂成帙，

① 中国社会科学院中国边疆史地研究中心.《蒙古律例回疆则例》. 北京：全国图书馆文献缩微中心出版，1992 年版. 回疆则例部分第 7 页。

以便颁发遵行”①，开始制定《回疆则例》。嘉庆十九年（1814年）编成，嘉庆二十年（1815 年）钦定成书。《回疆则例》在体例上没有“门”的设置，它只是将每卷的条款按时间作了一个有序的排列，将它分为原修、修改、修并及增纂、续纂各条。其后在道光年间做过重要修订。

《回疆则例》的法制化成果有如下几条：一是通过法律手段建立了回部的管理体制，即军府制下的伯克制。清朝政府统一新疆后，针对新疆的地方特点，建立了军政合一的军府制。在军府制的统率下，不同的地方由于情况差异比较大，又实施了各种风格迥异的管理制度，如州县制、札萨克制、伯克制。伯克制是《回疆则例》确立的实行于天山南路维吾尔族聚居区的地方管理体制。伯克制在清朝统一新疆回部以前就长期存在，并已形成了完善的管理体制。清朝统一回部后决定因地制宜，对原有的伯克制进行改造和利用，建立了军府制下的伯克制来管理回部。乾隆朝设伊犁将军为最高军政长官，设都统驻乌鲁木齐，其下各地设办事大臣、领队大臣分管回部各城的大小伯克。只有哈密、吐鲁番二地因有战功设札萨克，封爵。《回疆则例》对回疆各城伯克的法定编制作出了详尽的规定，其他关于伯克的管理诸如各级伯克的职掌、待遇、奖赏、任免、回避、养廉、朝觐、休致以及惩贪等内容在《回疆则例》中也都有明确的规定。二是是用法律手段强化了中央的权威性。中央权威性主要通过法定的如下事项得以体现：在行政管理制度上，《回

① 中国社会科学院中国边疆史地研究中心.《蒙古律例回疆则例》. 北京：全国图书馆文献缩微中心出版，1992 年版. 回疆则例部分第 2 页。

疆则例》废除了伯克世袭制，制定了伯克回避制，把对伯克的任免权、考核权、奖惩权等事项控制在中央政府手中。通过这些强制性规定来表明伯克是朝廷命官，要对中央负责，当然，实际上也受到代表中央的伊犁将军、参赞大臣等的监督和管理。在司法权方面将重要案件的管辖权授予驻疆大臣，使司法权控制于代表中央的驻疆大臣手中。三是用法律宣示回部的宗教政策和规范宗教活动。伊斯兰教从10世纪传入新疆后，经过几百年的传播和统治阶级的大力推动，已成为新疆维吾尔族全民信仰的宗教，同时还有哈萨克、回族等民众的广泛信仰，而成为新疆信仰人数最多、势力和影响最大的宗教。因此，对宗教，尤其是对伊斯兰教的政策，直接影响清朝在当地统治秩序的建立和巩固。《回疆则例》关于伊斯兰教的内容，一是保护合法的宗教活动，以争取民心，稳定社会局面。二是废除回部统一前长期实行的政教合一制，代之以政教分离制。清朝治理新疆以前，南疆维吾尔族地区长期实行政教合一的统治。一切刑事、民事案件都按伊斯兰教法和习惯法由宗教头目办理，弊病较多。清朝对此进行了改革。《回疆则例》规定：维吾尔族上层人物犯罪，影响重大的刑事案件都按《大清律》直接办理。并废除了原来南疆社会中存在的各种原始落后的刑具和刑罚。清朝政府还剥夺了宗教首领的行政权和司法权。《回疆则例》规定阿訇不得担任伯克，另外，阿訇只能作为案件审理中的咨询人员而不能享有司法权。通过上述种种法律规定，清代统一新疆之前回疆地区政教合一的局面逐步被改变，阿訇作为宗教神职人员，其职责仅限于带领回众诵经礼拜、协助驻疆大臣或阿奇木伯克依照伊斯兰经典教规判断狱讼等。

五、关于西藏地区的民族法

清廷对西藏实行法制很早，但正式对西藏制定民族法规，则是从清雍正朝后开始的。其间有很多法令是以皇帝的诏令的形式出现的。正规性的民族法规主要有以下几个：《酌定西藏善后章程》《钦定藏内善后章程二十九条》《西藏设站定界事宜》《酌议藏中各事宜》《酌拟裁禁商上积弊章程》等。通过一系列的立法和法制化管理，西藏地区的管理制度逐步向规范化方向演变。其间经历了驻藏大臣的设立、噶厦地方政府的设立、摄政制度的设立、“金瓶掣签”制度的设立等一系列行政和宗教制度的规定和变化。随着通过立法形式设立各种制度，西藏最终建立了政教合一的行政管理体制，中央对西藏的控制也逐渐加强，西藏地区成为清王朝不可分割的一部分。

驻藏大臣制度初设于雍正年间，公元 1728 年，清朝在命令世俗贵族总理西藏事务的同时，在西藏正式设立驻藏大臣衙门，命令副都统马喇和侍读学士僧格，代表清朝政府，监督西藏事务，这是清朝在西藏直接派遣常驻官员的开始。但当时对驻藏大臣的权限并没有作清晰的规定。在实际操作中，由于驻藏大臣自身的原因和藏族贵族的原因，驻藏大臣在西藏的事务管理中所发挥的作用极其有限。直到西藏建立噶厦地方政府，建立政教合一的管理体制以后，驻藏大臣才在西藏事务管理中开始发挥至关重要的作用。从驻藏大臣设立起，直到清末辛亥革命，清朝一直在西藏设置驻藏办事大臣，代表清朝中央政权对西藏地方政权进行监督，行使国家主权，成为定制。驻藏大臣的设置，表明清朝对西藏的施政进入派官设制、直接治理的阶段。

西藏的社会管理体制经历了若干次的变化，最终噶厦地方政府的建立标志着西藏政教合一制的最终确立。在和硕特蒙古统治西藏期间，清朝政府对西藏的统治只是间接性的，只能通过和硕特蒙古在西藏的统治来间接影响西藏地区。在和硕特蒙古统治西藏时期，五世达赖、四世班禅和固始汗联合建立了甘丹颇章地方政权并得到了清廷的认可。在达赖喇嘛和固始汗之下，设第巴一职，其职权是总揽西藏政务，受命于和硕特汗王和达赖喇嘛。第巴在和硕特汗王和达赖喇嘛的共同领导下，管理西藏全区的日常政教事务。1720 年清朝政府驱准保藏后，并没有恢复原来的管理体制，而是建立了噶伦联合掌政的制度。至此，甘丹颇章地方政权由和硕特汗王和达赖喇嘛领导之下的第巴掌政时期，进入世俗贵族掌政的历史时期。后来由于贵族之间的争权夺利发生了卫藏战争，清廷平定动乱后，设置了驻藏大臣，但实际管理体制未变。珠尔默特那木札勒管理西藏事务后由于势力的膨胀，妄图谋杀达赖喇嘛，驱赶驻藏大臣，图谋分裂祖国。清朝政府在平定珠尔默特那木札勒叛乱后，废除了在西藏封授郡王的制度，正式建立噶厦，即西藏地方政府，在达赖喇嘛与驻藏大臣的领导下，负责处理西藏日常政教事务。噶厦设噶伦四人，噶伦的任命必须由清朝中央政权批准，并赏给名号，颁发给敕书。四名噶伦，规定三俗一僧，地位平等，使其僧俗四人互相牵制。自此西藏的政教合一制的管理体制正式确立。

“金瓶掣签”制度设立于乾隆年间。乾隆五十七年（公元 1792 年）首先颁发金瓶到西藏，翌年在《钦定藏内善后章程二十九条》中正式确立此制度。在拉萨大昭寺及北京雍和宫各置一金瓶，凡藏蒙大活佛如达赖、班禅、章嘉、哲布尊丹巴等转世时，即将所寻到的数名“灵童”的姓名，用满、汉、藏等文字写在牙签上，置于瓶中，分别由驻藏大臣或清廷选派的高级官员主持宗教仪式，当众掣签确定。通过“金瓶掣签”制度的设立避免了黄教领导权被少数人控制，成为实力强大的割据势力。“金瓶掣签”制度的设立也体现了清朝中央政府的西藏宗教事务的最高领导权，将宗教势力掌握在清朝统治者手中。

第三节　清代民族政策法制化总结

一、清代民族立法的原则

（一）建立和维护国家统一原则

清朝统治者的民族政策法制化经历了从入关前到清朝灭亡数百年的发展，在此期间建立和维护国家统一原则一直是清朝统治者矢志不渝的立法原则。如果说满族在刚刚统一民族内部，联合蒙古族共同对抗明王朝的统治与压迫时，还没有形成自觉的国家统一思想。但随着满族势力的强大，辅之于蒙古族的支持，当满族有力量来同明王朝分庭抗礼之后，清朝统治者开始具有了实现国家统一的自觉思想。在清朝统治者改国号为清后，他们所追求的不是永远处于东北地区，与明王朝分庭抗礼，南北对峙，而是秉承了数千年来在中华民族形成过程中形成的大一统思想，把入主中原、统一天下作为自己的奋斗目标。清朝统治者把古代的“以德配天”思想作为根据来论证自己入主中原、一统天下的正当性。天命年间，努尔哈赤多次讲过中国古代天命循环、鼎故革新的事例，从成汤代夏桀、文王兴起代纣王之业、刘邦以布衣起兵卒灭暴秦、金太祖阿骨打灭辽灭宋、蒙古成吉思汗得金帝之业建立元朝，直至明朝朱元璋伐元建明。通过这些事例得到的结论当然是大中国不是某个姓氏或某个民族的私有物，不论夷夏，有德者皆可统一中国，拥有天下。

清军入关后，已经占领了明王朝首都的清朝政府并没有像其他游牧民族那样，把北京城洗劫一空然后退回东北，而是致力于统一中国的伟业。在清朝统治者眼中，自己作为明王朝的继任者，理所应当地接管明王朝的原有属地，统一中国是自己义不容辞的责任。虽然清王朝统一中国的进程极其艰难，但他们对整个国家主权和领土完整有着坚定的原则立场。例如在统一台湾的过程中，康熙曾打算采取招抚方针解决台湾问题，甚至打算将郑成功的后人郑经封为藩王，让其永守台湾，但在谈判中郑经坚持“比朝鲜，不削发”作为投诚条件，被康熙断然拒绝。康熙的理由是“朝鲜系从来所有之外国，郑经乃中国之人”[①]。最终，康熙以武力统一了台湾。在对待边疆少数民族地区方面，清朝统治者认为自己作为大明王朝理所当然的继任者，应当承继故明王朝所辖的版图及版图上的全部子民，故明王朝所代表的一切国家主权由其行使。清朝统治者相较于历史上坚持国家统一的历代统治者的历史贡献在于，他们眼里的狭义中国远大于历代王朝所指，至少此时的东北地区和漠南蒙古已被清朝统治者视为理所当然的属于狭义中国之内。另外，他们对

① 〔清〕江日昇撰.《台湾外纪》. 福州：福建人民出版社，1983 年版. 第 207 页。

于那些历史上属于广义中国的边疆地区，不受限于固定的藩属关系，而是致力于通过循序渐进的途径，逐步将其纳入到狭义中国中来。即使不能全部纳入，也要逐步加强对其的统治和管理。正是在这种大一统思想，坚持国家统一的原则下，清政府才在历代有为之君的努力下，取得国家的空前统一。“国初，蒙古北部喀尔喀三汗同时纳贡。厥后朔漠荡平，庇我宇下，与漠南诸部落等。承平以来，怀柔益远，北逾瀚海，西绝羌荒，青海、厄鲁特、西藏、准噶尔之地，咸入版图。其封爵、会盟、屯防、游牧诸政事，厥有专司。”① 乾隆中期以后的中国已不是古代黄河中下游的华夏地区，也不是中原汉族地区的狭义的“中国”，在其明确的疆界内，既有汉族中原内地各行省，更包括广袤无垠的边远地区。原来的“华夷之辨”中的“夷”已经被转化为对在大一统的中国之外的外国的称谓。

在这种天下一统、国家统一思想的主导下，建立和维护国家统一必然成为清朝民族立法的基本原则。无论民族立法的具体内容如何，都不能突破国家统一的最低原则性要求。民族立法的具体内容实际上也正反映了国家统一思想的要求，是国家统一的具体化。

（二）法制统一原则

法制统一是国家统一的重要保证，也是国家统一的重要表现。清朝政府的民族政策法制化过程始终以维护法制统一作为自己的重要原则。清代民族政策法制化的法制统一原则表现在立法、司法两个方面。

---

① 乾隆《大清会典》卷八十，《理藩院·典属清吏司》。

在立法方面，清朝政府将涉及民族地区重要事务管理的立法权牢牢掌握在中央政府手中，保证了法制的统一性。从立法的主体来看，清朝皇帝是最重要的立法者。清代的民族法，特别是其中的例，大都由皇帝的敕令构成。在清朝统一边疆各民族地区后，剥夺了少数民族贵族首领的立法权，将个人的立法权集中在皇帝手中。皇帝作为封建国家的最高首领，专享个人立法权，体现了立法方面的法制统一原则。在清代，边疆地区的封疆大吏往往也会以奏折的形式提出立法建议或立法草案，这种由奏折演变而来的民族法在清代立法中也占有很大的比重。但封疆大吏的立法建议和立法草案要想成为真正的法律必须经过皇帝的认可和批准，实际上封疆大吏根本不具有立法权，个人立法权只能掌握在皇帝手中。理藩院是清朝政府管理少数民族的专门性机构，也是重要的立法机构。乾隆《大清会典》规定，理藩院“掌内外藩蒙古回部之政令，控驭抚绥，以固邦翰”。① 理藩院在上给皇帝的奏折中，将其职权具体表述为“臣院为蒙古、回疆事务总汇之所，所有内、外札萨克蒙古各旗，以及回部各城之体制、典礼、法守、刑名，并呼图克图喇嘛事宜，咸归职掌”。② 理藩院作为清朝政府中央机构中枢八衙门之一享有对少数民族的立法权体现了国家法制的统一性。从立法事项来看，尽管清代的民族法具有某种二元性，即其民族法中既有中央立法的内容，又有一些传统习惯法的认可。

---

① 赵云田著.《清代治理边陲的枢纽——理藩院》. 乌鲁木齐：新疆人民出版社，1995 年版. 第 10 页。

② 〔清〕松森等修. 西藏社会科学院西藏学汉文文献编辑室编辑.《钦定理藩部则例》. 北京：全国图书馆文献缩微复制中心出版，1992 年版. 第 22 页。

如在回部对伊斯兰教法的认可。但在实际中遵循着这样一条原则，即涉及重大犯罪和涉及政治性犯罪的法律只能来自中央立法，而不能适用习惯法，习惯法只能处理一些简单的民事案件。这种对重要法律关系的调整由中央掌握，体现了法制的统一性。

在司法方面，清朝的法律适用原则强调了《大清律例》的权威性。它首先要求各少数民族犯罪一律适用《大清律例》。《大清律例》名例律下化外人有犯就规定："凡化外人犯罪者，并依律拟断。隶理藩院者，仍照原定蒙古例。"[①] 即凡是属于中华民族大家庭中的少数民族，一律适用《大清律例》。至于隶属理藩院的内外蒙古及青海各蒙古诸部，因其风俗习惯不同，可另设条例。在这里可以看出，《大清律例》在清代的法律体系中具有普通法的性质，理藩院的立法具有特别法的性质，尽管在法律适用上可能优先适用特别法，但特别法是依从于普通法而存在的。可以没有特别法而只有普通法，但不能没有普通法而只有特别法。例如《理藩院则例》中就有很多准用性规范，如在戏杀过失伤人条中规定："凡蒙古戏杀、过失杀伤人，俱查照刑例，分别定拟。"[②] 明确《大清律例》的权威地位，显示了国家法制政令的统一。理藩院之下专设理刑司，理刑清吏司"承办内札萨克六盟、外札萨克、盛京、吉林、黑龙江、察哈尔、归化城等处蒙古命盗案件，兼覈缉逃限期咨行各处，缉拿

---

① 田涛、郑秦点校.《大清律例》. 北京：法律出版社，1999 年版. 第 122 页。

② 〔清〕会典馆编.《钦定大清会典事例 · 理藩院》. 北京：中国藏学出版社，2006 年版. 第 416 页。

内外寺庙喇嘛并太仆寺牧丁逃逸等事”。[①] 凡是发生在少数民族地区的案件，先由该民族的上层统治者审判，不决者再报理藩院定案。另外，规定重案也必须报理藩院核查。理藩院根据清政府制定的各种法律，对案件进行审理。还有按照清朝的司法制度，外藩案件由理藩院受理，但理藩院受理的案件如罪至发遣，须会同清朝中央最高审判机关——刑部共同裁决。尤其是死罪案件，必须会同“三法司”审核拟罪。“三法司”是清朝设在中央的三个具有司法职能的机构总称，即大理寺、刑部、都察院。它们各有职司，平日分别办公，若遇重大或疑难案件，则共同会审，称为“三司会审”。把理藩院定为外藩案件的上诉机关，将重大案件的审理权收归中央，使得清朝中央直接参与和决定少数民族地区的司法纠纷，从而加强了对这些地区的司法管辖，维护了法律政令的统一。

（三）维护封建统治原则

清王朝的民族法虽然有很多具有先进性的地方，但其并没有摆脱封建制法律的本质，即维护封建统治和封建特权的本质。清朝的民族法对少数民族上层分子的优惠性规定本质是为了与其建立统治联盟，共同统治广大的农民和其他劳动人民。当封建统治受到威胁时，封建制法律的狰狞面目就显露无疑了。例如对于威胁封建统治的刑事犯罪和政治性犯罪，清朝的民族法规定了极其严厉的刑罚。例如《理藩院则例》规定，在蒙古地方，凡有聚众执持弓矢军器及白日邀劫道路、杀人放火各重情

---

① 〔清〕松森等修. 西藏社会科学院西藏学汉文文献编辑室编辑.《钦定理藩部则例》. 北京：全国图书馆文献缩微复制中心出版，1992 年版. 第 98 页。

者，不分首从皆斩，马上执行并割首枭示。若私藏军旗或持械拒捕，不分首从皆斩。[①] 从这些法律规定中可以看出，封建统治者的温柔是有针对性和限度的，如果威胁到封建统治，则一律严惩不贷。特别是对于一向彪悍善战的蒙古民族，清朝统治者更是严加防范，规定蒙古人民不得聚会，不得执持武器，不得私藏武器，否则均有谋反嫌疑，格杀勿论。在清朝政府统一各少数民族地区以后，客观上由于打破了少数民族地区领主或农奴主的残酷统治，代之以清政府的封建统治，对少数民族地区广大老百姓的境遇是有一定改善作用的。原来少数民族首领统治下的法律规定很多带有奴隶社会法的性质，刑罚方法相当残酷，对人的生命和身体随意伤害和剥夺的现象很多。但清朝统治者取代少数民族首领的统治后，并没有改变广大劳动人民受剥削、奴役和压迫的地位，原来的少数民族上层人士摇身一变成为清朝统治者的代言人，与清朝统治者结成了新的统治联盟，共同统治广大劳动人民。对于与自己结成统治联盟的少数民族上层分子，一方面用法律维护他们的利益或者给予优惠待遇，以收买人心使他们为自己的统治服务，如《理藩院则例》中对于侵犯皇家及蒙古王公贵族财产权的强劫、窃盗罪，加重处刑。特别是对于偷窃牲畜罪，惩治更为严厉。如偷窃官牧场牛马驼只，根据匹数，分别处以发遣以至绞监候。偷围场马匹，处罚尤为严重，绞立决或发遣。《理藩院则例》中对抢劫、窃盗罪，不仅处以重刑，还要面上刺字，以便监视或逃脱时追捕。

---

① 张友渔、高潮主编.《中华律令集成·清卷》. 长春：吉林人民出版社，1991 年版. 第 1108 页。

对于少数民族上层分子的俸禄、赏赐往往超出了满族贵族的数量。在朝贡赏赐中，执行薄来厚往策略，赏赐要远多于贡赋，清朝统治者要的是自己的统治权的象征。另一方面，对于心有杂念，妄图图谋脱离其统治，与中央对抗的少数民族上层分子，只要有能力就会给予坚决的打击，甚至采取大屠杀的政策以绝后患，如对厄鲁特蒙古的剿灭。所以维护清朝统治者的封建统治是清代民族法的基本原则之一。

二、清代民族法的特点

（一）因俗立法

清代民族政策中的一个基本策略是因俗而治，将其法制化的结果就是因俗立法。清王朝作为我国历史上最后一个统一的多民族封建制国家，其统治下的疆域幅员辽阔，仅次于蒙古族所建立的元朝。我国当今的多个少数民族都囊括于其统治之下。当时的各民族的经济、政治、文化发展水平参差不齐、水平不一。同时，各民族的风俗习惯、文化传统、社会信仰、区位地缘也千差万别，各有特色。在如此复杂多样的社会基础下，不可能像内地立法一样强求一致，整齐划一。清朝统治者对这种立法基础的差异性非常了解，并采取了因俗立法的策略，形成了风格各异的民族立法特色。

在清代民族法中所确立的社会管理体制中的多样化体现了清代民族法的因俗立法特点。清朝统治者统一边疆地区以后，没有采取整齐划一的边疆社会管理模式，而是根据不同地区的经济、政治、文化、地缘特征建立了形态各异的社会管理模式。在蒙古地区，根据各地归属的先后和内地化程度的不同分为三种管理模式。清朝政府把蒙古分为“内属蒙古”和“外藩蒙古”。内属蒙古八旗，包括察哈尔八旗、归化城土默特二旗，以及牧于热河、呼伦贝尔等地的一些旗。此外，在伊犁、塔尔巴哈台、科布多等地的厄鲁特、扎哈沁、明阿特等部，以及西藏的达木蒙古，都属于游牧八旗。游牧八旗直辖于朝廷，由内务府或派设的将军、大臣、都统等进行管理。外藩蒙古又分为内札萨克和外札萨克两种。其中漠南蒙古 6 盟 49 旗称“内札萨克”，故称内蒙古，其余各盟旗统谓“外札萨克”。内札萨克由于归附较早，清廷给予的待遇较高，内地化程度较高。内札萨克一般可以世袭，并且拥有兵权。外札萨克由于归附较晚，内地化程度较低。外札萨克一般不能世袭，且不拥有兵权。清朝政府对新疆采取以军事长官总理军民事务的方式进行统治。伊犁是全疆的政治军事中心，新疆的最高长官署——伊犁将军衙门即驻在此地。将军以下有都统、参赞大臣、办事大臣和领队大臣。他们除协助将军管理伊犁本地区外，大部分被派镇守各地。在南疆各大小城市，都设有阿奇木伯克，全面负责境内的民政事务，但要受伊犁将军、参赞大臣、办事大臣和领队大臣的控制。在哈密和吐鲁番，因当地头领投清时间较早，后来在统一新疆过程中又立有功劳，故实行世袭的札萨克制度。

在清代民族法的刑罚方法中，除了采用《大清律例》中的刑罚方法外，还采用了一些具有民族特色的刑罚方法，如鞭刑、罚牲畜刑等。这些刑罚方法和民族地区的历史传统和经济生活方式有密切关系。在多以游牧经济为主要生产生活方式的民族地区，牲畜是最重要的生产资料，以罚牲畜为刑罚方法比其他方法更为有效。

在法律适用上，除了适用制定法以外，有些民族习惯法也被作为辅助的判案根据，如苗例和伊斯兰宗教法。在长期保持和中原地区风格不同的社会生活方式后，民族地区的社会正义、公正观念和内地有着某些差别，清代的民族法，采用民族传统习惯法体现了因俗立法的特征。《理藩院则例》卷45规定："凡案犯斩、绞、发遣以及应罚牲畜等罪，如临时未经破案，事后或经官访出，或被人告发到案，案情确凿，而本犯恃无赃证踪迹，坚不承认，事涉疑似者，令其入誓。如肯入誓，仍令该管佐领等加具保结，令本犯入誓完结。"[①] 把"具结设誓"作为判决中的依据，使诉讼中保留了某些少数民族的神明裁判的色彩和传统习俗。

（二）礼法并用、德主刑辅

在清朝政府的民族政策中，恩威并施是一项重要的策略。在民族政策法制化过程中，恩威并施体现为礼法并用、德主刑辅。清朝统治者对边疆立法的指导思想，基本上是继承儒家学派所一贯倡导的"礼法并用""德主刑辅"的法律思想。其基本要点就是以礼义教化作为治理边疆的基本方法，而以刑事惩罚作为治理边疆的一种辅助手段。先用礼义教化使少数民族首领服从清朝的封建统治，然后对个别违法犯罪者予以惩处。在清代的民族法中，既有收买少数民族上层分子的以德绥服手段，也有惩罚不法的酷刑规定。从清代民族法的规定来看，常用的奖励手段有直接的物质奖励，如奖给牲畜和金银；也有精神性

---

① 〔清〕松森等修. 西藏社会科学院西藏学汉文文献编辑室编辑.《钦定理藩部则例》. 北京：全国图书馆文献缩微复制中心出版，1992年版. 第421页。

奖励，如录功；还有身份性奖励，如加官晋爵。常用的惩罚性措施有直接的物质性惩罚，如罚牲畜、罚俸等；也有身份性处罚，如革职、降级等。这样通过法律规定的方式规定了给予蒙古王公的种种特权，授以高官显爵，并可世代相袭；给予优厚俸禄，赴京还给廪饩；实行甥舅之联，用姻亲巩固满蒙联盟；同时满足蒙古王公的各种奢侈需求，以此增强他们对中央的依赖性和向心力。另外还详密地规定了各级蒙古王公的职责范围与要求，制定严厉法规，赏罚分明，以此镇慑蒙古王公的离心力，保证了国家统一和边疆稳定。这样民族政策中的恩威并施措施被转化为了中原统治者惯用的礼法并用、德主刑辅法治原则。

（三）形式多样

清代的民族法形成了完善的体系，在清代的民族法体系中包含了众多的法律形式。常见的清代民族法形式有律、例、令、章程、事宜、禁约等。这些法律形式中有些属于中国封建社会传统法律形式律、令、科、比、格、式、例中的类型，如律、例和令，但有些法律形式为清代所创立，如章程、事宜、禁约。律一般是以刑法为主的综合性法律文件。在清代，改变了传统上律和例分列的法律编纂方式，而代之以律和例合编，如《大清律例》。在清代民族法中，《蒙古律例》的名称就来源于此。例可分为则例、条例、成例和事例等。例一般是不成文法的一种形式，是对某种处理的法律效力的认可，具有判例法的性质。清代的民族法中，最重要的是则例，如《理藩院则例》《回疆则例》。则例在清朝是指理藩院将历代皇帝对民族事件的处理进行有规则的排列而编成的成文法典。这样则例就由原来的不成文法变成了成文法性质的单行行政法规。则例是清代民族法最重要的法律形式。清代民族法中的令是指地方官员对其辖区内的某种事项的规定，但这种规定必须经过中央的认可和批准才具有法律效力，如《永除贵州永州苗赋令》。清代民族法中的章程如《酌定西藏善后章程》，虽然和现在的章程不能相提并论，但从清代的几部章程来看，其一般是用比较简约的形式对某些地区的社会管理所做的规定，具有综合性法律的特征。清代民族法中的事宜如《青海善后事宜十三条》，一般是对某个特定地区的若干管理事项的集中规定。清代民族法中的禁约如《禁约青海十二事》，一般是若干禁止性法律规范和命令性法律规范的集合。清代多样化的民族立法，不但是中国历史上仅有的，对于当今的民族立法而言，也具有重要的借鉴意义。

（四）法律的及时废、改、立

在清代的民族政策中，因时制宜是一项重要的原则。清代民族政策法制化过程中，将这一原则法制化则为法律的及时废、改、立。随着政治形势的发展，清代民族政策的中心任务也在不断变化，如清军入关前和康雍乾时期的民族工作重点不同，民族工作的中心任务也有很大不同。清朝政府非常重视民族政策的法制化，为了有章可循，往往会把服务于一个时期的民族工作任务的具体措施和策略以民族法的形式加以规定，当民族工作的中心任务发生改变时，民族工作的具体措施和策略也需要及时调整，民族法的及时废、改、立就成为必要。清代民族法不但立法活动频繁，如前所述众多部民族法，民族法的修订也相当频繁。如作为蒙古地区基本法的《蒙古律书》和《蒙古律例》就曾多次修订。崇德八年（1643 年）清太宗颁布《蒙古律书》，顺康两朝多次对其进行修订。乾隆六年（1741 年）《蒙古律例》颁行后，仅乾隆一朝就增订四次，嘉庆时期又修订了两次。根据清政府的立法原则，《理藩院则例》成书后五年一小修，十年一大修。《理藩院则例》制定后，仅道光、光绪两朝就四次修纂，到光绪十七年（1891 年）《理藩院则例》中注明“续纂”“修并”“增纂”“修改”的部分占全部条例的 2/3 以上。[①]《回疆则例》全文共 134 条，原例仅有 26 条，其余 108 条都是清政府顺应回疆社会形势的变化作出的修改、续纂和增纂条款。清政府针对民族地区社会形势的变化，适时修订民族法规以增加法条的实际效力，保证了其对民族地区的法律辖制和政权统治。清朝立法者的这种对民族法的及时废、改、立适应了清朝统治者的民族工作重心的转变、民族工作中心任务的转移，也契合了清代民族政策的及时转变和调整、民族政策策略的转换和变化。

（五）分而治之

清朝统治者对中国历史上的难题——北方游牧民族和农耕民族之间的矛盾给出了最有效的解决方式，即分其势而众建之。这一民族政策的重要原则在法律上通过一系列的具体规定将其付诸实施。清朝统治者通过“少其地而众建之，既以彰赏罚之典，又使力少不能为乱，庶可宁辑边陲”[②] 的方式制定和实施了一系列的民族法规来对少数民族分而治之。例如在行政区划上把本来一统的各民族生活之地分而划之，减少少数民族聚集

① 徐晓光.《中国少数民族法制史》. 贵阳：贵州民族出版社，2002 年版. 第 271 页。

② 《清实录》.《清高宗实录》卷 295. 北京：中华书局，1985 年版. 第 869 页。

崛起的机会。行政建制上，把民族地区分拆成众多的互不统属的行政单位，使这些行政单位之间形成制约和竞争，以防民族地方势力集中和坐大。清代民族法把蒙古族诸部前后划分为186个旗，大大减少了蒙古重新聚集崛起的机会。在新疆地区则把地区划分为各伯克统领下的狭小地块，以防聚变。同样，在西南地区的土司制度也类似于此。即使喇嘛教，也被清朝分为四大部分：达赖喇嘛主前藏，班禅主后藏，哲布尊丹巴主喀尔喀蒙古，章嘉呼图克图主内蒙古。四大喇嘛既有崇高的地位，又各有领地，互不统属，形成四大喇嘛分主一方教务的局面，以便清廷居中控制。清代民族法的分而治之原则对清朝边疆的长期稳定、政令畅通起到了关键性的作用，是清代民族法制的最大亮点，解决了困扰中华民族数千年的难题。

（六）重视宗教

长期以来，中国的民族问题和宗教问题一直密不可分，宗教问题的解决对民族问题的解决起着关键性的作用。在清代，清政府从稳定边疆的目标出发，把宗教的利用和管理作为民族政策的重要内容之一。在清代的民族法中，对宗教的管理的重视是重要特点之一。清代的民族法对宗教的重视体现在把宗教作为不同民族之间互相沟通接近的途径，把宗教作为维系多民族国家统一的特殊手段。藏传佛教在西藏、青海、蒙古、新疆等地区的藏族和蒙古族民众中影响巨大。正是认识到崇奉藏传佛教不仅可以绥服西藏，而且可以加强蒙古诸部对清王朝的向心力，清政府便大力扶植藏传佛教，以求达到西藏及相关少数民族地区长治久安的社会控制目标。与元代的尊崇佛教的不同之处在于，清王朝并没有把藏传佛教推至至高无上的地位，而是对藏传佛教进行了法制化管理。《钦定藏内善后章程》用金瓶掣签的办法规定了藏传佛教中转世灵童的认定程序和方法。通过金瓶掣签，清朝政府有效加强了对藏传佛教的控制和利用，使藏传佛教的最高统治权集中在皇帝的手中。在新疆回部，伊斯兰教有着广泛的社会影响，并且掌握了世俗权力。清代回疆的大小和卓叛乱和宗教首领有直接关系。清政府在统一回部后，并没有对伊斯兰教采取限制的政策，对真心信教的教徒不加干涉，甚至给予褒奖。同时对回部的社会管理方式进行了政教分离改革。政教分离在某种程度上抑制了宗教势力的发展，避免了宗教人员掌握世俗政权，滋生事端，对社会的安定及清朝在新疆的统治是十分有利的。清代的诸多民族法中，通常都会有关于宗教的相关规定，通过宗教立法，实现了清代宗教政策的法制化，实现了宗教事务的法制化管理。

第四章　清代民族政策法制化的评价

第一节　清代民族政策法制化的成就

一、通过民族政策法制化形成了民族事务管理的专门化

中国秦汉以来的多民族国家决定了民族事务管理是国家生活中举足轻重的重大事务。在中国历史上曾建立了管理民族事务的机构，如秦朝在中央政府中设有典客、典属国两个机构；汉朝中央政府设有大鸿胪、隋朝礼部中的主客司以及鸿胪寺，负责管理边疆民族事务；唐沿隋制，在中央政府中设礼部，其中礼部司和主客司，负责处理边疆民族事务，又设兵部职方司，掌管边疆地区的地图编制和边防设施，还设鸿胪寺负责边疆民族首领的朝见之事；元朝在中央政府中设有帝师、宣政院等机构，管理边疆民族事务。而历史上的民族管理机构和清代的理藩院不可相提并论。清代的理藩院是集多种权力于一身的少数民族管理机构，权威性极高。并且理藩院是专门管理少数民族事务的中央机关，而不是在自己的职权范围内包括了民族事务管理权。清初设理藩院，主要是专管蒙古事务。因此，康熙皇帝曾有这样的追述："太宗皇帝时，蒙古各部尽来归附，设立理

藩院专管外藩事务。”① 随着清朝统治范围的不断扩大，理藩院成为综合管理内、外蒙古，察哈尔、青海、西藏、新疆以及西南土司地区各少数民族事务的专门性机构。理藩院是“八衙门”之一，与吏、户、礼、兵、刑、工六部比肩。作为清朝为数不多的几个中央重要机构之一的理藩院，其内部机构设置和职能管辖规定不可能与其他中央机构相差很大，也就是说其内部机构设置和职能管辖规定应当是相当完备的。理藩院共设有旗籍、王会、柔远、典属、理刑和徕远六清吏司，以及满档房、汉档房、银库、督催所、当月处等机构。旗籍清吏司承办内札萨克六盟、归化城、土默特左右翼、黑龙江打牲、索伦、呼伦贝尔、鄂伦春等处事务，包括王公官员的升降、袭替、田产、比丁、过继、承嗣、封赐等事项。还附带管理一些驿站的相关事项。王会清吏司承办内札萨克六盟王公、台吉、公主、格格、额附等的年班、俸禄等事项。柔远清吏司承办喀尔喀四部落、土尔扈特、杜尔伯特、青海、察哈尔等处汗王、台吉及呼图克图喇嘛等年班、进贡，以及这些汗王、台吉的俸禄、赏赐等规定。典属清吏司承办喀尔喀四部落、土尔扈特、杜尔伯特、西藏、青海等处汗王、台吉、官员的升降、袭替、田产、比丁、过继、承嗣、封赐等事项。还附带管理一些涉及外交的具体性事务。理刑清吏司承办内札萨克六盟、外札萨克各部落、盛京、吉林、黑龙江、察哈尔、归化城等处蒙古命盗案件的管理。徕远清吏司承办驻京回部王公、台吉，回疆各城回部王公、台吉、伯克等的升降、袭替等事项；哈密、吐鲁番、库车回部王公、

---

① 光绪会典事例卷 20。

台吉等的俸禄、捐输以及各城赋税等。满档房承办全部的奏折，堂司各官的升选差缺。汉档房承办各司等处清字题本和各处汉字来文。银库承办支放来京蒙古人等的花费。督催所稽查全部文移注销等事；当月处监守堂司印信和接受公文来往。清朝政府的理藩院掌外藩之政令，制其爵禄，定其朝会，正其刑罚。[①] 地位崇高，职权广泛，为民族事务管理法制化的实施提供了有力保障。专门性机关理藩院的设立使清朝中央政府能够对少数民族事务进行规范化的管理，巩固了多民族国家的统一和稳定。

二、通过民族政策法制化形成了民族法体系，实现了民族事务的法制化管理

中国的多民族国情决定了民族政策是历代封建统治者必须重视的国家要政。在中国数千年的历史长河中，形成了符合中国文化特色，具有中国特点的民族政策历史传统。但中国历史上，在民族政策法制化的实践中取得的成果并不太丰硕，这可能和中国古代社会的管理模式有关。在清王朝以前，民族政策的法制化通常有三种方式，一是制定专门性的民族法规，如我国目前发现的最早的调整民族关系的法律——《属邦律》，宋代的《蕃丁法》。但这种专门性的民族法规数量非常有限。二是在一般性法律中规定民族事务管理的规则。如唐朝的《唐律疏议》名例律规定，“诸化外人，同类自相犯者，各依本俗法，异类相犯者，以法律论”。[②] 这一规定确立了唐代民族法律适用

---

① 光绪会典事例·卷25。

② 〔唐〕长孙无忌等撰、刘俊文点校.《唐律疏议》. 北京：中华书局，1983年版. 第133页。

的属人原则。三是由口含天宪的皇帝以发布诏令的方式制定民族法。到清代以后，统治者吸收了历代王朝统治边疆民族地区的经验，并大胆进行创新，开馆编纂专门适用于民族地区的专门性民族法规。清代的大规模民族立法使清代民族法形成了从中央到地方的完善的民族法体系，几乎所有的主要民族或民族地区均有专门法可依，如蒙古的《蒙古律例》、回部的《回疆则例》、西藏的《钦定藏内善后章程》。体系化的民族法的出现和民族法的真正实施使清代的民族事务管理走上了中国历史上少有的法制化轨道。清代的民族法内容几乎涵盖了民族地区的各项事务管理，对民族地区社会的渗透极强。以《理藩院则例》为例，其内容既有行政法律部分，又有刑事法律部分，也有民事法律部分；既有实体法部分，也有程序法部分。行政法律部分的主要规定有：一是规定理藩院的机构和职责。理藩院内设六司一厅三房，“掌外藩之政令，制其爵禄，定其朝会，正其刑罚。尚书侍郎率其属以定议，大事上之，小事则行，以布国之威德”。[①] 二是确立少数民族地区的行政区划。清朝的民族法为了贯彻分其势而众建之的民族政策，对少数民族地区的行政区划进行了详细的划分。三是建立民族地区的职官制度。清朝的民族法以职官制度的法律化来贯彻清朝统治者恩威并施的民族政策。《理藩院则例》中职守和设官两门的规定使民族地区的职官实现了制度化和法律化。四是规定了宗教事务的管理。主要是关于藏传佛教的规定，如活佛转世制度的规定，喇嘛的定额、度牒等规定。刑事法律部分包含人命门、抢劫门、偷窃

① 《大清会典》卷六十四。

门、发冢门、犯奸门、略卖略买门、违禁门、杂犯门、罪罚门等。理藩院的刑事法律规定包含了常见的各种刑事犯罪，并且以杂犯门来统括各门中不能全部涵盖或遗漏的一些犯罪规定。最后还规定了关于刑罚方法的相关制度。民事法律部分主要涉及三个方面，一是关于户籍的规定。在比丁门中规定了户口的审核、造册等事项，并规定了违反户籍制度的惩罚性规则。二是关于地产的规定。主要涉及对牧场的保护方面的内容。三是关于婚姻制度的规定。包括少数民族和满洲贵族之间联姻制度的规定和少数民族内部婚姻制度的规定。程序法部分分为首告门、审断门、留养门、收赎门、遇赦门、监禁门、疏脱门、捕亡门、限期门等。这些法律规定涵盖了从立案、侦查、审判到刑罚执行的整个过程。由此可以看出，清代民族法的内容是相当完备的，对边疆少数民族地区社会生活的各个方面都有所规定，形成了完善的法律规范体系。通过这些细致的法律规定的实施，清代的少数民族地区社会生活各方面的活动都有相应法律规定进行规范，实现了边疆地区的法制化管理。

三、通过民族政策法制化的实施，保证了边疆少数民族地区的长期稳定

清朝统治者突破了历代王朝所主张的“华夷之防”的限制，以勇于进取的精神继承和发展了我国历史上的大一统思想，为清代以及后世的边疆民族地区的长期稳定和发展奠定了理论基础。大一统思想是中国古代的传统政治思想和治边思想，在中国数千年的发展中，为中华民族的和谐发展、相融共处奠定了思想基础。在清王朝以前的大一统思想是以儒家的“严华夏

之防”为基础的，主张夷夏有别，守中治边。清朝统治者批判性地继承了历史上的大一统的治边理念，以“中外一体，天下一家”代替了历史上的民族歧视、民族分界思想。这种视少数民族为兄弟、为亲人的民族平等思想得到了少数民族群众的认可和拥戴，改善了民族关系，为边疆少数民族地区的稳定奠定了思想理论基础。

清朝统治者历经数代皇帝励精图治，最终统一了全中国，为边疆地区的长期稳定发展奠定了现实基础。国家的民族关系稳定发展是以国内各民族的统一为基础的，在清代前期，清代统治者通过扩张性的边疆政策，将全国的边疆民族地区纳入了自己的统治范围。广阔国家疆土的统一为各民族的交往联系，为边疆地区的稳定发展奠定了现实基础。“如果没有异族人建立的满清王朝，没有清朝在内亚大陆用武的决心，中国的领土扩张是不可想象的。中国边境线并不是来自汉唐两朝的光荣，而是直接来自清王朝的帝国扩张。”①

清朝统治者通过民族政策法制化，对广袤的边疆民族地区进行了法制化管理，形成了民族地区的社会秩序正常化。通过长期的统一管理，增强了边疆各民族的内聚力和中华民族的凝聚力。清朝统治者从努尔哈赤时代起，就非常重视边疆民族地区的管理。他们在思想上突破了华夷之防的束缚，强调华夷一家，改变了历朝历代把边疆民族地区和边疆少数民族视为边患的落后看法。在清朝统治者眼中，边疆的各少数民族是自己的

① 〔美〕吉尔伯特·罗兹曼主编、国家社会科学基金“比较现代化”课题组译.《中国的现代化》. 南京：江苏人民出版社，1995 年版. 第 30 页。

坚强同盟，通过对边疆地区的法制化管理可以起到以人为长城的功效。清朝统治者通过一系列的制度建设，如盟旗制度、伯克制、民族联姻、朝贡互市等，把边疆各民族紧紧地团结在了自己的周围，使他们成为清王朝的强大边疆屏藩。由于清王朝在治边思想上不畏险阻而强调以边疆少数民族为边疆屏藩，加以在实践中的循序渐进的法制化管理，边疆少数民族成为清王朝捍卫边疆的主要力量。正如康熙皇帝所言："昔秦兴土石之工，修筑长城。我朝施恩于喀尔喀，使之防备朔方，较长城更为坚固。"① 清王朝的空前统一，打破了民族间的割据壁垒，使民族间的经济文化交流有了快速发展的基础。清王朝在统一后对边疆少数民族地区进行了有效的法制化直接管理，有效地协调了民族关系，降低了民族冲突发生的概率，缓和了民族矛盾。清王朝的边疆管理使各民族逐步形成了政治上的利益共同体，增强了国家的凝聚力和向心力，减少了祖国分裂的可能性。翦伯赞先生认为："清王朝的建立和疆域的巩固，无论是对防止西方殖民主义者的入侵或促进国内各民族人民经济、文化的联系和发展在客观上都有积极的意义。"②

第二节　清代民族政策法制化的局限性

清代民族政策法制化虽然取得了诸多成就，并对中国各民族多元一体的民族关系格局的形成起到了关键性的作用，但清

---

① 《清实录》.《清圣祖实录》卷 151. 北京：中华书局，1985 年版. 第 677 页。

② 翦伯赞主编.《中国史纲要》第三册. 北京：人民出版社，1979 年版. 第 262 页。

王朝毕竟是一个封建王朝，不可能避免各种局限性的限制。在清代民族政策法制化过程中出现了一些失误和偏差，正视这些经验教训对正确理解清代的民族政策法制化有一定的帮助。

一、清代民族政策法制化的阶级局限性

在中国漫长的封建社会发展中，维护封建统治阶级的阶级利益和阶级统治是封建王朝制定政策、进行社会管理的起点和归宿。清王朝作为中国历史的封建王朝之一，在其民族政策法制化过程中也必然会遵循这一原则。这就决定了清代的民族政策法制化过程不能摆脱阶级局限性的限制。尽管清代的民族政策法制化与以前的封建王朝民族政策法制化相比有很多创新和发展，但这些形式性的变化并没有改变其服务于封建统治阶级的本质属性。

从清代民族政策法制化的目的来看，加强对少数民族群众的统治，建立有利于封建统治阶级的统治秩序是其终极目标。在这一目标的指引下，清代的民族政策法制化过程中难免出现违背广大人民和少数民族群众利益和意愿的情况。只要有利于统治阶级的利益维护，统治者不惜采用血腥的手段来推进其政策法制化的进程，可以说清王朝的民族政策法制化是在残酷的压迫下实现的。如清王朝在与厄鲁特蒙古建立朝贡关系以后，并没有满足于维持这种关系的现状，而是时刻准备着对漠西蒙古的统一，时刻准备将其纳入自己的边疆法制化管理之下。在这一目的的驱使下，清王朝对厄鲁特蒙古进行了数次武力征伐，甚至连皇帝都数次亲自出征。虽然经过长期的征战，清王朝最终武力统一了厄鲁特蒙古各部，客观上起到了将其纳入中华民

族大家庭，促进蒙古族内聚的作用，但其过程是相当残酷和血腥的。通过魏源在《乾隆荡平准部记》中的描述我们可以想象当时的惨象，“帝怒于上，将帅怒于下，合围掩群，顿天网而大狝之，穷奇浑沌梼杌饕餮之群，天无所诉，地无所容，自作自受，必使无遗育逸种于故地而后已，计数十万户中，先痘死者十之四，继窜入俄罗斯、哈萨克者十之二，卒歼于大兵者十之三，除妇孺充赏外，至今惟来降受屯之厄鲁特若干户，编设佐领昂吉，此外数千里间无瓦剌一毡帐。”① 礼亲王昭梿《西域用兵始末》也记载：“其他诸贼，既降复叛，自取诛灭，草薙禽狝无唯类，固无论已，此固厄鲁特一大劫，凡病死者十之三，逃入俄罗斯、哈萨克者十之三，为我兵杀者十之五，数千里内遂无一人。苍天欲尽除之，空其地为我朝耕牧之所，故生一阿逆为祸首，辗转以至澌灭也。”②

中国古代封建社会的最大特征是高度的中央集权。在中央集权的封建专制体系中，塔尖的最高处是封建皇帝，他是封建统治的最高代表，也是封建统治者的代言人。封建专制国家实行皇权至上制度，封建皇帝在封建社会中具有绝对的权威性，封建皇帝是立法、司法、行政“三位一体”的最高权力者，实行个人独裁统治。法律出于皇帝，狱讼断于皇帝，皇帝掌握国家最高司法权，凌驾于一切法律之上。皇帝一言可以兴邦，也可以由于个人原因使国家走入灾难。在清代的民族政策法制化实践中受皇帝影响的痕迹也屡见不鲜。在立法方面，清代的民

① 〔清〕魏源.《圣武记》卷 4. 北京：中华书局，1984 年版. 第 149 页。
② 〔清〕昭梿.《啸亭杂录》卷 3. 北京：中华书局，1980 年版. 第 81 页。

族法中由皇帝的诏令转变而来的成分占绝大多数。即使由驻疆大臣奏折转化而来的民族法也必须经过皇帝的批准才能具有法律效力。在司法方面，皇帝对重大案件具有独立的裁判权，虽然清代对重大案件的审判有三法司的机构设置和九卿会审的制度建设，但其最终的审判结果必须由皇帝来认可或决定。这种依赖个人领导能力来主导治理国家的人治方式对国家的正常发展极为不利，如果皇帝的个人能力或个人倾向发生问题，可能产生难以弥补的损失。清代的民族政策法制化的成效也同样与皇帝有莫大的关系，受个人因素影响很大。

封建社会的法律制度为了达到维护统治阶级利益的目的，对封建统治者作了一些赤裸裸的特权性规定。在中国的封建法律中，封建特权的形式多种多样，常见的有八议、请、减、赎、官当等。这些封建特权使封建统治者能够减免法律的惩处。例如，八议是指八种人犯罪之后，不由司法机关直接审理，而是由大臣们讨论后，交皇帝决定如何处罚。一般情况下，都能得到减、免的优待。官当又叫当，指官员犯罪可以用官品来抵当，主要当徒罪和流罪。在清代的民族政策法制化过程中，清朝统治者把这些内容基本都加入了民族法中，使清代民族法维护封建统治者特权的本质显露无遗。如在《理藩院则例》的审判门中有蒙古札萨克闲散汗王贝勒贝子公台吉塔布囊等及无俸之协理台吉以下各官处分专条和食俸王公台吉等应罚牲畜专条等规定，其中多是关于少数民族首领的特权性规定。

清王朝的民族政策法制化的阶级局限性决定了其只能在一定程度上协调民族关系与缓和民族矛盾，不能从根本上真正解决中国的民族矛盾和民族问题。

二、清代民族政策法制化的民族局限性

清朝统治者虽然对历史上落后的民族观即“夏夷观”进行了猛烈的批判，并用先进的民族平等观“天下一统、内外一家”来代替之，但这种口号并没有在清朝得到实实在在的落实。清朝统治者的民族政策和民族政策的法制化没有脱离民族的局限性，口号上的民族平等是虚伪的和具有欺骗性的。在清代的民族政策法制化实践中，这种民族的局限性经常显露于外或内藏于中。清代民族政策法制化的民族局限性表现形式多样，如强制同化、民族歧视、民族不平等、民族观的矛盾性等。

口头上的“天下一家”和实践中的“首崇满洲”的矛盾。清朝统治者的“天下一统，内外一家”只是一种斗争策略，在其背后真正的民族心理是首崇满洲。清朝在立国之初就制定了“满洲根本”的基本国策，一再声称“满洲为国家之本”，“八旗满洲，为我朝根本”。为此，清朝历代统治者特别优遇满族王公大臣，并在政治、经济、军事等诸多方面赋予各种特权。同时，清朝统治者虽然一再宣称“天下一家”，但实际上却严格实行“族民有别”的政策。清朝统治者为了从组织上保证满洲贵族控制政府主要部门，掌握政府部门的实权，不致大权旁落，创造了官缺制度。在官缺制度下，每个机关的职位多少是固定的，类似现在的定编定岗。但清朝的官缺是按民族划分的，分为满官缺、蒙古官缺、汉军缺和汉官缺四种。一般情况下，满官缺多而且职位重要。如在《理藩院则例》中规定的各职位中，大部分职位和重要职位大都由满族来担任，反映了清朝统治者对异民族的不信任心理。在新疆回部的行政管理体制设计

中，回部的各城由当地的伯克来管理，但须受制于驻城和驻军的各大臣，总体上还必须受制于伊犁将军的领导。实际上伯克的权力是非常有限的。在西藏的权力机构中也设置了驻藏大臣来监督和控制世俗官员和僧侣的活动。这种制度设计虽然体现了中央的控制，但由于中央机关中的要职大都由满族来控制，实际上成为民族不信任和满洲根本的体现。在司法方面，满人也享有特权。《大清律例·名例》规定满人犯罪可以享受减等和换刑的权利。其中规定："凡旗人犯罪，笞、杖，各照数鞭责。充军、流、徒，免发遣，分别枷号。"① 即使满人犯了杀人之罪，也可以奏请皇帝定夺，作出特别处理。"凡旗人殴死有服卑幼，罪应杖流折枷者，除依律定拟外，仍酌量情罪，请旨定夺，不得概入汇题。"②

在清朝前期清政府实行了对汉族的强制同化政策和残酷剥夺政策，并经常以令的形式将其法制化。《崇德会典》规定："凡汉人官民男女穿戴，俱照满洲式样。男人不许穿大领大袖、戴绒帽，务要束腰；女人不许梳头、缠脚。僧道照旧衣帽，其道士妇女，亦不许梳头、缠脚。"清朝的剃发令规定："自今布告之后，京城内外限旬日，直隶各省地方自部文到日亦限旬日，尽令剃发。遵依者为我国之民，迟疑者同逆命之寇，必置重罪。若规避惜发，巧辞争辩，决不轻贷。该地方文武各官员皆当严行察验，若有复为此事渎进章奏，欲将朕已定地方人民仍存明

① 马建石、杨育裳主编.《大清律例通考校注》. 北京：中国政法大学出版社，1992 年版. 第 217 页。

② 马建石、杨育裳主编.《大清律例通考校注》. 北京：中国政法大学出版社，1992 年版. 第 219 页。

制，不随本朝制度者，杀无赦。"① 清朝统治者采用强制同化的政策，希望达到打击汉民族的民族自信心、摧毁其抵抗心理的效果。但在实际上却激化了汉满之间的民族矛盾，引起了汉民族的激烈反抗。除了在文化方面的强制同化外，还在经济方面对汉族进行剥夺。易服、剃发、圈地、投充、逃人合称为清初的五大弊政，这些法令的制定和实施使清初本来就紧张的满汉关系更加恶化。

三、清代民族政策法制化的时代局限性

清代的民族政策法制化虽然成绩斐然，但其恰恰处于世界和中国的封建社会末期，受到了时代局限性的限制。明末清初的数百年间，世界历史的发展发生了重大变化。在工业革命的推动下，西方国家生产力得到了飞速发展。随着生产力的发展，生产关系和社会制度也发生了深刻的变革。通过资产阶级革命西方国家走上了资本主义道路。当领先了数千年的中华帝国在明清之际仍然在重复土地集中、贫富分化、改朝换代、平均土地的老路时，原来落后的西欧国家正处于火热的革命和发展时期。在世界历史由封建时代进入资本主义时代的过渡中，西方走在了世界的前列，而历史上领先了数千年的中华帝国却由于封建社会的发达完善而积重难返、行动迟缓。在这种大背景下的清代民族政策法制化过程，不可能不受到时代的限制，出现了一些远落后于时代发展的举措和内容。

从统治者的角度出发，清代民族政策法制化的目的是建立

---

① 《清实录》.《清世祖实录》卷 17. 北京：中华书局，1985 年版. 第 151 页。

有利于封建统治阶级的有序性统治秩序。在民族地区的稳定和发展两者关系的抉择中，清朝统治者把稳定作为终极目的，稳定的地位远高于发展。如雍正年间，四川提督黄廷桂曾主张在建厂一代招商开矿，发展工矿业。雍正皇帝给其的御批中写道："此奏识见庸愚卑浅之至。雷波黄榔等处地方界连新抚凉山诸彝，只宜示以镇静，何可与之争利？今虽听民间开采，则各处入川无业之人必群相趋赴，万一生出事端，所关甚钜。宪德、黄廷桂汝等可将金竹坪、白蜡山、蛮彝司、金竹坝、会龙堡、阴戏岩、炒米厂、木香冈新厂、墩化皮厂等处铅铜之厂严行封禁，倘少阳奉阴违，奉行不力，倘致骚扰，汝等身家性命不足抵过也。"① 清朝统治者为了确保回人对清廷的效忠和清王朝对该地区的绝对统治，以法律形式隔离新疆回族与其他民族的接触，特别是与汉族的接触，人为地割断了新疆与内地的联系。在清朝治理回部的《回疆则例》中和《理藩院则例》关于回部的法律中，关于回部的行政隔离、经济隔离、军事隔离和文化隔离的规定比比皆是。以文化隔离为例，《回疆则例》严格禁止汉、回两族通婚，特别是对人数较多的绿营弁兵及遣犯，甚至于由内地进入回疆之"汉回"也在禁止之列。本来清朝统一回疆时，回族的社会意识形态已经伊斯兰化，他们的价值观、伦理观和行为规范都深受伊斯兰思想的影响，与内地社会文化习俗则差异很大。为了加强同其他民族的亲密关系和互相影响，清政府采取措施积极促进回疆与内地的联系和融合，但出于维

① 中仁主编.《雍正御批》下. 北京：中国华侨出版社，1999 年版. 第 800-801 页。

护满人统治的需要，在回疆文化领域实行隔离，禁止汉、回通婚，严禁回人学习汉文化，这无疑强化了伊斯兰教在当地回族中的影响，从而严重限制了他们与汉人融合的机会和接受汉文化浸润的机会，使其缺乏对中华民族大家庭的认同。① 这种不利性影响甚至直到目前都未消除。在对外关系上，由于中国长期处于中华文化圈的领先地位，周围没有与之竞争的强有力国家，纳贡关系为历史上的传统外交关系模式。在西方国家能够凭借航海技术跨过大洋到世界各地去建立殖民地之后，原来的世界格局已经被完全打破，要仍然保持局部地域性的与世隔绝是不可能的。清朝统治者受时代眼光的限制，特别是在清朝的中后期，在其用法律手段管理边疆民族地区时，只注重在政治控制方面的努力，对于防止外来更强大的势力可能与其展开对边疆的争夺问题根本没有战略构想。在西方列强利用船坚炮利之势频频对清朝的边疆进行掠夺时，清朝政府才不得已实施边疆新政，但此时已经无力回天，最终导致了近代中国的边疆流失。

第三节　清代民族政策法制化对历史的继承和发展

民族政策法制化是一项系统工程，包括多方面的内容，如治边思想、管理机构、管理方式以及民族法等。在中国数千年

① 参见杨恕、曹伟.《评清朝在新疆的隔离制度》.《中国边疆史地研究》. 2008年第2期。

的历史发展中，形成了独特的边疆管理传统。清代的民族政策法制化是在对历史上传统边疆管理继承的基础上进行创新的结果。通过清朝政府的民族政策法制化使中国封建社会的边疆管理体制达到了顶峰。

一、对历史上大一统思想的继承和发展

在对边疆地区实施政策法制化时需要以一定的国家地区理念为其根本指导思想。清代的民族政策法制化的指导思想继承了中国历史上的大一统思想并在其基础上进行了发展。在中国数千年的历史演进中，逐渐形成了统一多民族国家和多元一体的中华民族。各民族相互依存、相互促进、同步发展、生死相依。在长期的历史发展中虽然各民族之间也时有矛盾和战争发生，但历史的大潮流是向着合与聚的方向发展的。尽管历史上有过各民族分庭抗礼、各自为政的分裂时期，但最后总会走向统一。统一多民族的中国与多元一体中华民族的同步发展，成为世界历史发展史上的一道独特的风景线。能够使中华民族在数千年内结为一体、各民族始终不离不弃的一个重要原因就是传统的大一统思想的作用。特别是在国家和地区的统治者心目中，能够统一天下是他们梦寐以求的。早在中国的奴隶社会时期，就已形成“普天之下，莫非王土；率土之滨，莫非王臣”的大一统思想。在历朝历代更迭过程中，这种思想一直得以延续。在历史上，不论是汉族还是少数民族的政权都实现了国家的统一，即使是某个民族首领建立的割据性政权，都把自己当作中国当然、合法的主人，都以中国的正统自居。不管哪个朝代，也不管哪个民族建立的政权都无一

例外地把维护国家的统一、政权的完整作为调整民族利益、处理民族关系的首要前提。正是在这种国家理念的支撑下，才得以形成了各民族在政治、经济、文化等多方面密切联系，不断融合，形成你中有我、我中有你、谁也离不开谁的一个整体，最终形成中华民族。

清朝统治者的国家观念既有继承历史传统的一面，又有创新的一面。这两者的有机结合形成了清代的国家观，成为清代民族政策法制化的根本指导思想。中国历史上传统的国家观是天下观。清朝以前的“中国”和“天下”是两个具有不同含义的概念。“在先秦时代，中国是指处于当时我国众多国家的中部地区的国家。例如，商王国因居于众国之中部而称中国”。[①] 春秋时期的中国是与四方蛮、狄、夷、戎相对称的诸夏。天下是由这种狭义的中国和四方的少数民族蛮、狄、夷、戎构成的。在狭义的中国和四方少数民族的关系方面，天下之主只能是单一的天子，四方的地方性邦国之君不管有多远，都只是天子的王臣。可见这种国家观是在区别华夏和四夷的基础上的大一统思想。清朝的统治者继承了国家观念中的大一统思想，但在华夏和四夷的关系上主张“天下一统，内外一家”。雍正曾指出：“自我朝入主中土，君临天下，并蒙古极边诸部落俱归版图，中国之疆土开拓广远，乃中国臣民之大幸，何得尚有华夷中外之分论哉！”[②] 这样，在清朝统治者的努力下，原来具有不同含义的“天下”和“中国”成为一体，具有了相同的含义。可以

---

① 田继周.《我国民族史研究中的几个问题》,《文史哲》. 1981 年第 3 期。

② 《清实录》.《清世宗实录》 卷 86. 北京：中华书局，1985 年版. 第 148－149 页。

说，清朝统治者在中华民族多元一体民族格局的形成过程中立下了不可磨灭的功勋。

二、对边疆管理机构设置的继承和发展

中国自古就是一个多民族国家，历代王朝都设有管理民族事务的机构。早在周朝就设有大行人作为管理少数民族事务的机构，“大行人掌大宾之礼及大客之仪”。[①] 这里的大宾客即指四方的各少数民族。秦统一六国建立了夏夷统一的中央集权制封建帝国，成为我国历史上第一个多民族统一国家。秦代的少数民族管理机构叫典客，来源于秦代认为华夏民族是天下的主人，四夷来自远方被称为客。汉承秦制，但改典客为大行令，后来又改称大鸿胪，大鸿胪设行人、译官、别火及郡邸长丞。魏晋南北朝自三国至北魏，各朝大都设有大鸿胪作为管理少数民族事务的机构，但部分时期称谓有所不同。唐代的民族管理机构为鸿胪寺，并置寺卿以掌其事，另设典客署，专门管理少数民族工作事宜。北宋时，设鸿胪寺，置鸿胪寺卿，掌“四夷朝贡、宴劳、给赐、送迎之事”。“凡四夷君长、使价朝见，辨其等位，以宾礼待之，授以馆舍而颁其见辞、赐予、宴设之式，戒有司先期办具；有贡物，则具其数报四方馆，引见以进。诸蕃封册，即行其礼命”。[②] 南宋时，废鸿胪寺，民族事务归礼部管理。元朝中央不设鸿胪寺，“凡朝会、即位、册后、建储、奉上尊号及外国朝觐之礼”，由礼部的侍仪司掌管；“接伴引见诸

---

① 杨天宇撰.《周礼译注》. 上海：上海古籍出版社，2004 年版. 第 561 页。

② 〔元〕脱脱等撰.《宋史》卷 165. 北京：中华书局，1977 年版. 第 3903 页。

番蛮夷峒官之来朝贡者”，由礼部的会同馆掌管。元朝还设立了专门管理西藏和喇嘛事务的总制院，后来改称宣政院。明朝恢复鸿胪寺，并设过九关通事、外夷通事等官，掌少数民族事务。[1] 清朝设鸿胪寺，但只管朝会、宾飨赞相礼仪，不管民族事务。中央设管理民族事务的理藩院，其地位与六部等同。理藩院的机构和职责是逐步扩大的。清入关前，崇德元年（1636年）便设蒙古衙门，专理蒙古事务。蒙古各部尽归服于清之后，崇德三年（1638 年）蒙古衙门改名为理藩院，以后其职权扩大为全面管理全国的民族事务。从咸丰五年（1855 年）起，理藩院与礼部协同，分管一部分外交事务。光绪三十二年（1906 年），理藩院更名为理藩部。关于理藩院的内部机构设置，前文已有论述，不再重复。从少数民族管理机构的发展过程来看，经历了由简单到复杂的演变过程。早期负责少数民族管理机构甚至只是一些官职，不是专门的管理机构。越到后期，少数民族管理机构的专业性越强，内部的机构设置和职能分工也越具体。清朝的理藩院继承了历史上少数民族管理机构的中央机构性质和管理少数民族事务的职能，但清朝的理藩院的机构设置之复杂详细，其行政地位之高，所拥有的职能之全，是历代少数民族管理机构所不可比拟的。这也说明了清代统治者对少数民族事务的重视。理藩院的出现和机构的逐步健全，功能的逐步完善为清代的民族政策法制化提供了坚实物质基础。清代的理藩院是在历代少数民族管理机构的基础上形成的，不

---

① 史筠.《民族事务管理制度》. 长春：吉林教育出版社，1991 年版. 第 1-23 页。

过它的成熟性和完善性远超前人的水平，是中国封建社会少数民族管理机构的最为典型的代表。

三、对民族地区管理方式的继承和发展

中国古代对少数民族地区的管理方式是一脉相承的。从奴隶社会的夏商周到封建社会结束的清朝，虽然具体管理方式略有不同，但其基本管理理念和管理方式基本相同。从管理理念来说，主要有以下几个管理策略或原则。一是羁縻而治。即通过控制少数民族上层人士来间接管理少数民族地区事务，这是中国历史上中央王朝统治者统治边疆少数民族地区的传统型管理方式或管理策略。这种策略的要点是在少数民族承认中央王朝统治的前提下，中央王朝允许其实行有限自治，保持本民族原有的社会制度、宗教信仰及风俗习惯、文化传统等，并通过加强内地和边疆政治、经济、文化各方面联系，在不改变边疆地区原有政治实体内部结构的前提下，加强中原对边疆地区的影响，促进内地与边疆一体化的进程，从而巩固和增强大一统的国家。羁縻而治的核心是通过对少数民族首领的怀柔使之成为中央王朝的工具，通过少数民族首领来达到中央政权对边疆民族地区的适度性、间接性统治。通常的怀柔手段包括和亲、联姻、封王、厚赏等物质手段和精神手段。自秦汉以后，羁縻而治一直是历代王朝奉为经典的民族统治策略和管理手段。清朝的统治者接受了羁縻而治的传统并在此基础上加以发展，使之成为清朝对少数民族地区管理的基本策略。清朝的羁縻而治表现为对蒙古族的优待与逐步纳入统治范围，在西藏建立驻藏大臣监督下的政教合一地方政府，在新疆回部建立在伊犁将军

控制下的伯克制度。其采用的怀柔手段包括对蒙古王公的优抚、对黄教首领的尊崇、对伯克势力的保存等。但清朝政府的羁縻而治的发展在于其对少数民族地区的管理深度和控制强度是远大于汉唐时期的。由于清代的依法治边使得清朝的政令能够达到边疆的每个地区，也就是说清朝的少数民族首领所执行的是清朝统治者制定的社会管理规定，而不是像历史上那样，用自己的规则来统治和管理少数民族地区。清朝政令的上传下达的深度和广度是历史上的任何中央王朝所不可能企及的。二是因俗设官，因俗而治。历史上为了适应我国边疆地区民族众多，各民族之间的历史传统和信仰习惯差别较大的特点，对少数民族地区采用了因俗设官、因俗而治的管理制度。作为中国封建社会开端的秦朝以郡县制管理汉人地区，而将少数民族地区划分为两类：一是被征服地区，在被征服的少数民族地区设道，不设县；二是归降的地区，在归降的少数民族地区分别设置属邦，设臣邦君长或臣邦君公统领其地。汉承秦制，和秦朝的管理体制基本相同。唐朝首创了统治少数民族地区的地方行政单位羁縻府州。羁縻州制度既保留少数民族传统的行政管理制度，又将少数民族地区纳入国家统一行政建制之中，授予少数民族首领以中央认可的官职，但可以世袭，继续统治本族人民。宋朝也有羁縻州的设置，但羁縻州归邻近的正州管辖。元朝的少数民族管理体制非常多样化。对北方少数民族地区实行普通的行省制管理，西藏专设宣政院进行管理，在西南地区实行土司制管理，在新疆设都护府进行管理。明朝的少数民族管理体制有羁縻州制、土司制和西藏的特殊管理体制。

清朝的少数民族管理体制前文已有论述，不再重复。清朝的少数民族管理体制继承了传统上的羁縻而治、因俗而治，而且清朝的因俗而治特点更为明显。首先，清朝的少数民族管理体制更为多样化，有旗盟制、军府制、伯克制、政教合一制。这些管理体制是根据不同民族特点和地区特点而有针对性地设立的。其次，清朝的因俗而治特点更加鲜明，历代的因俗而治大多以地区不同而采取不同的管理体制，而清代的管理体制大多以不同民族特点为管理体制设立的根据。清朝统治者对当时的几个较大的少数民族都建立了各具特色的管理体制，使民族特色得到了照顾和体现。最后，清朝的因俗而治层级分明、因势而立。清朝的少数民族管理体制的各种不同类型，不仅体现于名称的不同，也不仅体现于针对不同的民族特色，而且体现于针对不同地区的内地化和社会成熟化程度不同而设立。如针对蒙古族地区的少数民族管理体制就可以分为三种模式，内属蒙古管理模式、内札萨克管理模式和外札萨克管理模式。还有针对蒙古族旗盟制和藏族的政教合一制，后者的自治权力要大得多，这种自治权力的大小取决于该民族或该地区的内地化和内向性的不同程度。一个地区的内地化成熟度越低，其自治权力越大，反之则相反。所以清代的民族政策法制化的成功不仅表现在中央控制力的强度上，而且表现在因俗而治的成功上。

四、对民族法的继承和发展

中国自古以来就是多民族国家，夏朝就有诸多的民族存在，直到今天 56 个民族组成新中国，多民族国家的性质始终未变。虽然中国历史上多以人治、德治为主，特别是汉以后的诸朝代，但对民族事务管理的法律制度并不缺乏。中国历史上的民族政策法制化成果包括两个方面，一种是少数民族管理模式、管理体制、管理制度的建立，另一种是专门的民族法律体系的制定、颁布和实施。在前文中关于历史上少数民族和少数民族地区的管理模式、管理体制和管理制度已作过相关的论述，不再重复。下面就清朝对历史上专门的民族法的继承和发展略作叙述。

学者们一般认为，我国最早的民族法是成书于战国中期的《禹贡》。《禹贡》把全国分为九州，并根据各民族的远近用五服的形式把各民族进行了分类。周朝也有五服制的规定，即在王畿外围根据远近，以百里为单位，划分为五等：甸服、侯服、绥服、要服、荒服。并且规定“蛮夷要服，戎狄荒服”，[①] “要服者贡，荒服者王”，[②] 即属于要服的少数民族必须向周天子纳贡，而属于荒服的少数民族承认周天子的统治地位，如果违反了这些规定可能遭受武力征伐。[③] 秦王朝是以法家理论为主导的封建朝代，法律文化非常发达。云梦睡虎地秦墓简中发现了关于民族法的相关内容。其中记载的《属邦律》被认为是我国第一部专门性民族法。其具体内容由于记载有限，没有全文，但秦简中的相关记载可以推知其民族法的一般原则，即和亲、自治、维护少数民族上层人士特权、强制同化等。自汉以后一直到明朝，专门性的民族法尚未发现。只是在相关法律文件中

---

① 郝敬.《尚书辩解》. 北京：中华书局，1991 年版. 第 92 页。

② 韦昭.《国语》(一). 北京：商务印书馆，民国二十六年，第 6 页。

③ 徐晓光.《中国少数民族法制史》. 贵阳：贵州民族出版社，2002 年版. 第 18 页。

可以见到民族法律规范的出现。如《唐律疏议》中关于化外人法的规定，“诸化外人，同类自相犯者，各依本俗法，异类相犯者，以法律论”①。此后在宋、明两朝也有关于化外人的规定，例如《宋刑统》中的《名例律》中就有化外人条，其疏议将其解释为“化外人诸番夷之国，别立君长者，各有风俗，制法不同。其有同类自相犯者，须问本国之制，依其俗法断之。异类相犯者，若高丽之与百济相犯之类，皆以国家法律论定刑名”②。由此可以看出我国清代以前的民族法特征，一是基本未形成专门性的民族法规；二是关于民族法的规范大都出现在行政法或刑法中；三是关于民族法的规范大多是整体性的宏观规定，缺乏对少数民族个人行为调整的具体性规定。

清代民族立法是清朝法律的重要组成部分，也是清朝法制的一大特色，使中国古代民族法达到最完备的程度。对于风俗习惯不同的少数民族在不违背《大清律例》的原则下，分别制定适合于少数民族地区的单行法，形成了以《大清律例》为母法以及适用于不同民族的单行法规和《理藩院则例》为子法的民族法体系。关于清代民族的成就和特点见前文论述。与其说清代民族法是对历史上民族法特点的继承，毋宁说清王朝是中国民族法的创造者。

---

① 〔唐〕长孙无忌等撰、刘俊文点校.《唐律疏议》. 北京：中华书局，1983 年版. 第 133 页。

② 〔宋〕窦仪等撰、吴翊如点校.《宋刑统》. 北京：中华书局，1984 年版. 第 197 页。

第四节　清代民族政策法制化对后世的影响

一、清代民族政策法制化对当代中国疆域形成的贡献

中国当代的疆域是历史长期发展的结果。在长期的历史发展过程中，华夏民族在东南至海滨，北至极寒之地，西至戈壁大漠，西南至万仞高山的广大区域内互相往来、联系与互动。中国疆域的形成是一个漫长的过程，我国历史上出现过众多的前后相继的中央性政权和短暂性的割据性政权，所以我国的疆域在不断的变化过程中。从中央王朝的统治疆域变化来看，其发展经历了一个复杂的变化过程，虽然其范围有大有小、有分有和，但总的趋势是逐渐扩大、聚合性逐渐增强的过程。先秦时期的中国核心区域在黄河中下游至长江中下游一带。在这个中心区域建立政权的既有华夏，也有夷狄；既有汉族，也有少数民族。

我国第一个封建中央王朝秦朝的疆域相当于现在的中东部地区，东北达到辽东半岛，北部到蒙古高原，西部达到今甘肃东部、四川、云南一带，南到大陆南端。在其周围有众多的少数民族政权同时存在。

在秦朝建立第一个封建制中央王朝以后，在清以前历经了近两千年的发展，除元朝以外都是以中央王朝和少数民族政权共存的形式存在。元朝在我国历史上的疆域最为广阔，但元朝存在的时间很短，另外，元朝对其疆域的直接管理程度和中央王朝的渗透力有限，没有使其建立的疆域稳定下来。元朝灭亡

后，其疆土也分崩离析了。

清统一全国的行动历时长达176年（从1583年起兵至1759年平定西域结束），最终完成了中国疆域奠定的历史使命。清朝统治者统一中国以后，通过其有力的民族政策法制化过程，形成了对全国疆域的制度化管理。在清代民族政策法制化的促进下，我国的边疆管理第一次走向了法制化管理，中央制定的法律第一次真正渗透到了边疆的每一部分。在清朝以法治边实践的促动下，边疆地区逐渐稳定下来，向心力越来越强。经过两百多年的清王朝固边政策和法制化管理，边疆少数民族地区对国家的认同度达到了历史的最高点，我国的疆域最终稳定下来。“满洲以边疆部族入主中原，一方面接受儒家文化，承袭传统的政治制度，一方面积极整理边疆，增进边疆与中原的政治、经济及文化等各种关系，加强少数民族对中央的向心力，而具备近代世界各国公认的关于领土主权所包含的基本内容，经过清代长期的统治，满汉畛域，逐渐消弭，各部族之间，日益融和，汉满蒙回藏以及其他少数部族都成为中华民族的成员，终于奠定版图辽阔多民族统一国家的基础。”①

二、清代民族政策法制化对提高中华民族凝聚力的贡献

民族意识是综合反映和认识民族生存、交往和发展及其特点的一种社会意识。民族意识是一种社会意识，是民族社会的群体意识。在民族意识中一项很重要的内容是民族属性意识，这是民族存在的首要条件，也是民族成员首先遇到的问题，即

① 庄吉发.《清高宗十全武功研究》. 北京：中华书局，1987年版. 第1页。

首先需要确定族属问题。民族属性意识包括民族自我归属意识、民族认同意识、民族分界意识三个层次。民族自我归属意识是指一个民族的成员自觉属于某一民族共同体的归属意识。民族认同意识是指一些民族成员都认为属于相同的民族共同体的族性意识。民族分界意识是指不同的民族之间自觉归属到不同的民族共同体的民族自我区别的族性意识。在今天看来，我们 56 个民族的兄弟姐妹都是中华民族的一分子是很自然的事情，其实中华民族的民族意识和民族凝聚力不是天然地存在，就连伟大的革命先驱孙中山都提出过“驱除鞑虏，恢复中华”的革命口号，可见它是在长期的历史发展过程中逐渐形成的。在中华民族数千年的历史长河中，各民族人民或战或和、或治或乱、或分或合都是民族交往和民族联系的表现形式。其中不管是中央王朝的建立还是地方性政权的建立，对民族意识的统合都是有利的。满族建立的清王朝，对中华民族意识的形成和增强、民族凝聚力的提高作出的历史贡献尤为重要。历史上任何时期对疆域版图的有效控制，都比不上清朝。清政府对边疆经营首先是实现了疆域大一统，进而对边疆地区实行法制化、正规化管理。清朝政府在继承古代中国历代治国安边经验的基础上，在加强国家统一、打击割据势力、反对外来侵略、加强边疆治理与开发等方面留下了大量宝贵经验。清代通过法制化管理促进民族意识和增强民族凝聚力方面的做法包括：一是以法律的形式确定了中央和地方分权范围，大事归中央，小事归地方。这既实现了国家对边疆的有效控制，强化了边疆地区的国家归属感，又尊重了少数民族管理自身事务的权利，培养了少数民族的国家主人意识。二是在法律规定中照顾民族特点，因俗而治。这种尊重文化多样性，承认文化差异性的行为对民族亲和力的提高，对民族归属感的培养具有极大的作用。三是通过法律手段规定了对少数民族上层人物的优抚措施，对民族凝聚力的形成起到了事半功倍的效果。少数民族上层人士是少数民族的代言人，是少数民族的思想者，是少数民族的风向标。争取了一个少数民族人士就等于争取了一个民族或一批群众。所以清朝政府用法律的形式规定对少数民族首领的优待，增强了少数民族的内聚力，也就间接增强了少数民族的凝聚力和民族意识。四是用法律手段来认可和尊崇民族宗教。对民族宗教的认可和尊崇是对民族文化的认可和尊崇的一种重要方式和手段。通过宗教这种桥梁，清朝政府找到了不同民族互相接近、互相尊重、互相影响的途径。文化上的接近和认可对民族关系和谐、民族凝聚力的形成是最为深远的影响。五是通过法律规定来规范少数民族的贡赏制度和年班制度。这种制度的建立不在于中央能从中得到什么物质性实惠，如清朝前期实行厚往薄来政策，实际上赏赐少数民族首领的东西要远多于他们的朝贡，关键在于培养一种国家意识和国家归属感。通过制度化的贡赏制度和年班制度使少数民族首领和宗教首领的国家意识与臣民意识得到了加强，减少了分裂思想的形成。正是在这一前提下才会发生土尔扈特部不远万里回归祖国的壮举，才能谱写近代以来中华民族儿女共同抵抗侵略，不离不弃的伟大篇章。

三、清代民族政策法制化对民国时期的影响

孙中山领导的辛亥革命虽然推翻了统治中国两千余年的封建帝制，但并未真正改变中国的面貌，直到 1949 年新中国成立

我国民族边疆地区社会并未发生重大变化。在中华民国初建时期的南京临时政府和北京政府以及后来的国民党南京政府都非常重视边疆地区的管理，建立了相应的边疆民族管理机构和管理体制，制定了相关的边疆民族法律，在对边疆少数民族地区的主权问题上也从未发生过动摇和主动放弃，但由于帝国主义的入侵和各地连绵不断的军阀混战，中央对边疆地区的管理和控制能力下降，边疆地区少数民族对国家的向心力和中华民族的凝聚力出现了弱化的迹象，更为严重的是，我国的边疆部分领土继清末丢失后出现了进一步的流失。

（一）民国时期对清代民族边疆管理机构的继承

中华民国成立后，孙中山指出民族统一就是合汉满蒙回藏诸族为一人。在立国之初颁布的《中华民国临时约法》中指出“中华民国领土，为二十二行省，内外蒙古，西藏，青海”。[①] 袁世凯就任后为了加强对边疆事务的管理，于 1912 年 5 月成立蒙藏事务处，隶属内务部，以示内政之统一。1912 年 7 月，蒙藏事务处改名为蒙藏事务局，直接隶属国务总理，凡是涉及蒙藏地方的事务都由该局相机处理或者报国务总理处理。1914 年 5 月，蒙藏事务局又改名为蒙藏院，直接隶属大总统。南京国民政府时期为了加强对边疆地区的管理，拟在行政院下面设立蒙藏委员会，并于 1928 年 7 月设立筹备处。1929 年 2 月，蒙藏委员会正式成立，专门管理蒙、藏事务，隶属行政院，与其他各部地位等同。第一任委员长由阎锡山担任。从国民政府公布

---

① 陈荷夫编.《中国宪法类编》下编. 北京：中国社会科学出版社，1980 年版. 第 366 页。

的《蒙藏委员会组织法》(1933 年公布，共 28 条）来看，蒙藏委员会内部实行委员会制，设委员会长一人统领；蒙藏委员会下设处和室分管各项事务，有总务处、蒙事处、藏事处、会计室、人事室等。[①]

中华民国时期，虽然标榜内政统一，内外一致化管理，但其机构设置和清王朝的理藩院很相似。从性质上讲都是专门管理少数民族事务的中央机构；从内部机构设置上也有清朝按地域管理的影子；从最高领导来看，主管人员的级别也极高。中华民国的蒙藏委员会虽然名义上改掉了有歧视含义的藩属等字样，但除了在委员会的委员中增加了很多少数民族上层人士外，与清朝的理藩院并没有实质性的区别。

（二）民国时期对清代民族边疆管理体制的继承

民国时期的民族边疆管理体制直接继承了清代边疆管理体制。虽然中央的管理机构为了标榜内政统一，设立了委员会制的蒙藏委员会等机构，但在边疆地区的管理体制总体上说与清朝时期变化不大。在北洋政府时期，边疆的管理体制上仍然实行中央派员控制下的直接与间接管理相结合的管理模式。如派遣中央高级官吏办事大员或办事长官监督少数民族地区的首领的管理活动，在地方行政区划和行政制度原则上不变，通过法律规定少数民族首领世袭职位和管辖治理权一律照旧等。民国时期，虽然在中央设立了民族边疆地区的专门管理机构，如蒙藏委员会，但蒙藏委员会所享有的职权非常有限，主要是一些

① 喜饶尼玛、苏发祥编著.《蒙藏委员会档案中的西藏事务》. 北京：中央民族大学出版社，2006 年版. 第 1-47 页。

地方和中央的联络、沟通、仪式等方面的事务。相较于清朝的理藩院，蒙藏委员会的实际权力和对民族地区的掌控能力相差甚远。民国时期，边疆少数民族地区的经济文化等关系人民生产生活的事务蒙藏委员会一般并不涉及，而是由中央各部来管辖，但由于民国时期战乱不断、政治腐败、政府能力有限，中央各部对民族地区的经济文化管理很多时候只是一种口号和美好的计划，实际中得到实施的并不多。可以说，民国时期的少数民族地区实际管理处于一种维持现状的状态。民国政府一方面在政治口号上主张民族统一，另一方面却只能保持边疆民族地区的原有管理模式不变，如盟旗制、土司制度、政教合一制根本没有任何变化，甚至在面对少数民族贵族要求独立的请求时把扶植民族自治作为自己的政策目标。

（三）民国时期对清代民族边疆法律的继承

民国时期的边疆民族立法在辛亥革命刚刚胜利后就开始了，中华民国的民族法主要由三部分构成，一是宪法和宪法性文件中的民族法内容；二是中央各部门关于少数民族具体事务的规定；三是专门民族管理机关制定的民族法。1912 年的《中华民国临时约法》第 5 条规定："中华民国人民一律平等，无种族、阶级、宗教之区别。"① 在此后的宪法和宪法性文件中基本都有关于民族法的内容。如 1931 年的《中华民族训政时期约法》中重申了边疆少数民族地区是中国领土的一部分，各民族在法律上一律平等等内容；1946 年的《中华民国宪法》中对民族问

---

① 《中华民国史档案资料汇编》第二辑，南京：江苏人民出版社，1981 年版．第 106 页。

题和民族关系作了更为详细的规定。北洋政府时期的蒙藏事务局和蒙藏院制定的民族法有很多，如《蒙古待遇条例》《蒙回藏王公等爵章条例》《蒙藏院官制》《蒙疆善后委员会条例》等。但其内容主要是涉及对少数民族上层人士的优抚、管理、承认等内容，真正涉及少数民族地区经济文化管理的内容很少。南京国民政府时期的蒙藏委员会制定的民族法也很多，如《喇嘛转世办法》《管理喇嘛寺庙条例》《西藏建设计划纲领》等众多民族法。蒙藏委员会的民族立法虽然内容较多、涉及面较广，但仍然有很多事务管理无法可依。1929 年 8 月，《司法院指令司法行政部〈理藩院则例〉对蒙番人民仍准援用文》指出：查《理藩院则例》及《番例条款》原为特别法之一种，在未经颁布新特别法令以前，自应按照民国十六年八月十二日国民政府通过就各该地方隶属国民政府前所适用者酌予援用。[①] 1939 年司法院第 143 号指令规定：中华民国之成立已阅十九年，政府颁行一切法典，无论行政、司法，俱不能适用于蒙藏地方。依现行解释例，蒙藏地方适用法典，除与党纲主义或国民政府法令相抵触者外，暂准援用《理藩院则例》及《番例条款》。[②]

---

① 徐晓光.《中国少数民族法制史》. 贵阳：贵州民族出版社，2002 年版. 第 384 页。

② 黄奋生编.《蒙藏新志》. 北京：中华书局，1938 年版. 第 1031 页。

第五章　我国民族政策法制化的现状

第一节　我国的民族政策

当代民族政策是中国共产党历代领导集体在长期的革命、社会主义建设和改革过程中，把马克思主义的基本原理与中国的社会实际、中国的民族实际、中国的革命和社会主义建设实践相结合而形成的处理民族关系、解决民族问题的一系列方针、原则和策略。

一、我国民族政策的理论原则

中国共产党民族政策的理论原则是在马克思主义民族纲领的指导下，结合中国国情和中国民族实际而形成的解决中国民族问题的基本指导思想、基本原则和基本途径。我国民族政策的理论原则可以分为总原则和基本原则两个层次。我们党和国家民族政策的总原则是民族平等、民族团结和各民族共同繁荣。我们党和国家的各项民族政策都贯穿着这三项根本原则和基本精神。江泽民在 1990 年指出：“民族平等、民族团结和各民族的共同繁荣，是马克思主义的民族观，是区别于资产阶级民族观的根本标志。”[①] 在这三项总原则中，民族平等是基础，民族团结是途径，各民族共同繁荣是目标。我们党和国家民族政策的基本原则是在总原则的统领下更具体化的表现。我们党和国家民族政策的基本原则包括民族平等团结原则、民族互助合作原则、民族自主自治原则、民族全面发展原则、统筹兼顾、照顾扶持原则、维护国家统一反对民族分裂原则。[②] 我国民族政策的理论原则是中国共产党逐步学习、理解和把握马克思主义民族理论原则，深入分析我国民族问题的特殊性和我国国情的特殊性，创造性地把马克思主义民族理论与我国民族问题的实际有机结合的产物，是处理和解决我国民族问题的基本指导方针，丰富和发展了马克思主义民族理论，并为中国共产党民族政策的制定提供了重要的理论依据和理论基础。

二、我国民族政策发展历程

党在成立之初就十分重视民族政策的构建，从中国共产党成立到全面建设社会主义现代化国家的今天，我国的民族政策走过了一个多世纪，其间，随着中国革命、社会主义建设改革的发展，民族政策也在不断发展和完善之中。我国的民族政策走过了从初创到较为完善的光辉历程，在今后的中国特色社会主义建设过程中，随着建设任务的转变，国情的变化，民族社会的转型，我国的民族政策会进一步地发展和创新。(1) 从 1921 年中国共产党成立到 1938 年党的六届六中全会是我国民

---

① 《人民日报》. 1990 年 10 月 1 日。

② 金炳镐.《民族理论通论》. 北京：中央民族大学出版社，2007 年版. 第 386 页。

族政策的初创期。在这一时期，由于革命活动的领域主要集中在东部，对少数民族的了解和认识十分有限，另外，在这一时期党的总政策和民族政策受共产国际的影响极大，尚未形成符合中国国情的民族政策理论。在后期，经过长征以后，中国共产党人才开始对中国少数民族状况有了初步的了解，开始构建中国民族政策体系的历程。这一时期的民族政策的最大特点是主张通过民族自决和建立联邦制国家来解决中国的民族问题。如 1922 年中共二大明确提出："促成蒙古、西藏、回疆三自治邦，再联合成为中华联邦共和国，才是真正民主主义的统一。"① （2）从 1938 年的六届六中全会到 1949 年新中国成立，是我国民族政策的形成期。随着革命的发展，中国共产党对国情的认识开始逐步成熟起来，开始形成中国特色的革命理论，在如何解决我国民族问题、推进革命进程上也逐渐形成自己的政策主张和政策体系。这一时期我国民族政策最大的特点在于民族纲领的重大转变和民族政策体系的逐步完善。毛泽东在六届六中全会所作的《论新阶段》政治报告中指出："对国内各民族，给予平等权利，而在自愿原则下互相团结，建立统一的政府。"② 这标志着中国共产党的民族纲领由主张实行联邦制转变为主张建立统一的单一制国家的重大转变。1949 年中国人民政治协商会议第一届全体会议召开后，起临时宪法作用的《中国人民政治协商会议共同纲领》对新中国民族政策进行了详细规

---

① 中共中央统战部编.《民族问题文献汇编》. 北京：中共中央党校出版社，1991 年版. 第 18 页。

② 中共中央统战部编.《民族问题文献汇编》. 北京：中共中央党校出版社，1991 年版. 第 597 页。

定，标志着中国民族政策体系的形成。共同纲领中所确立的民族政策体系包含了丰富的内容，主要有民族平等团结、民族区域自治、民族武装权利、民族语言文字、风俗习惯、宗教信仰等方面的权利。(3) 从 1949 年新中国成立到 1957 年，是我国民族政策发展的黄金期。在过渡时期和全面建设社会主义时期，由于对国内民族问题的重视和前进方向的正确性，民族政策在这一时期在共同纲领的基础上得到了飞速的发展，民族工作也取得了辉煌的成就。这一时期的民族政策发展主要有以下几点：一是新中国成立初的全国民族政策大检查，出台了《关于过去几年内党在少数民族中进行工作的主要经验总结》，对新中国成立初期的少数民族政策进行了及时的总结。二是进行了民族识别，对进一步的民族政策发展奠定了基础。三是第二次民族政策执行情况大检查，之后毛泽东发表了《论十大关系》，对两种民族主义进行了批判。这一时期的民族政策是坚持马克思主义民族理论同中国具体国情和民族实情结合的典范。(4) 从 1958 年到 1978 年"文化大革命"结束是民族政策的曲折发展期。这一时期的民族政策虽然取得了一些成绩，但出现了较多的失误和挫折，对民族工作产生了极大的不利影响。(5) 1978 年党的十一届三中全会召开以来是我国民族政策快速发展期。在纠正了"文化大革命"的错误之后，以邓小平、江泽民、胡锦涛为代表的中国共产党人在民族政策问题上对一些深层次的理论问题进行了深刻的论述，提出了一些具有重要意义的论断，使民族政策走上了飞速发展的道路。邓小平提出的社会主义民族关系本质论，江泽民的提出的"三个离不开"，胡锦涛提出的的和谐民族关系等，都为民族政策快速发展提供了理论基础并指出发展方向。

总之，我国现行的民族政策是在马克思主义同中国国情不断结合的过程中形成的，随着革命、社会主义建设和改革的发展，民族政策也在不断调整中发展并完善。

三、我国民族政策的主要内容

民族政策的内容是民族政策原则的体现，表达了国家和执政党对待民族问题、处理民族问题的立场、观点、态度和办法。我国民族政策的内容非常丰富，在民族的平等、团结、自治、发展总方针和总原则下，涵盖了政治、经济、文化、社会等各个方面的内容。

我国的民族政策大致可以分为八个方面，即民族平等团结政策、民族区域自治政策、民族干部政策、民族经济发展政策、民族文化教育政策、民族语言文字政策、民族风俗习惯政策和宗教信仰自由政策。(1) 民族平等团结政策。民族平等团结是马克思主义处理民族问题的根本原则，同样也是我国民族政策中的总政策。我国的民族平等团结政策的含义包含三个方面，一是我国的民族平等团结政策是一切民族的平等团结，反对对任何民族的压迫和歧视；二是我国的民族平等团结政策是一切方面的平等团结，包括政治、经济、文化、社会等各方面的平等和团结；三是我国的民族平等团结是有法律保障的。国家通过立法的形式保障民族平等团结的实现。(2) 民族区域自治政策。民族区域自治是我国解决国内民族问题的基本政策，是我国的一项基本的政治制度。根据民族区域自治法的规定，民族区域自治是指在国家的统一领导下，各少数民族聚居的地方实行区域自治，设立自治机关，行使自治权。我国的民族区域自治是民族自治与区域自治的结合，是经济因素与政治因素的结合。我国民族区域自治的实质是为了保证在统一的社会主义国家内，在一定聚居区的少数民族能有当家作主、管理本民族内部的地方性事务的权利。我国的民族自治地方分为自治区、自治州和自治县三级，现有155个自治地方、55个少数民族中有44个实行了民族区域自治。民族自治机关的自治权包括政治、经济、文化、社会等各方面的自治权。(3) 民族干部政策。大力培养和任用少数民族干部是我国的一项重要民族政策，是促进少数民族和少数民族地区发展、协调民族关系、解决民族问题的关键。少数民族干部同本民族群众有着血肉联系，熟悉民族地区的区情、社情，是党和政府联系少数民族的重要桥梁，具有不可替代的重要作用。我们党和政府历来重视培养和任用少数民族干部工作，少数民族干部已经成为少数民族地区建设的中坚力量。(4) 民族经济发展政策。加速发展各民族的经济建设事业是实现各民族共同繁荣的根本途径。帮助少数民族发展经济，加速少数民族地区的经济发展是党和国家一贯坚持的政策。我国已经把"共同团结奋斗，共同繁荣发展"作为新时代民族工作的主题，在全面建设社会主义现代化强国的过程中，加快少数民族地区的经济发展具有更加重要的意义。(5) 民族文化教育政策。民族文化是民族社会长期生活积淀的成果，是社会生活的反映。它既是民族发展的内容之一，也是民族发展的条件之一。我国非常重视少数民族的文化事业的发展，制定了许多繁荣和发展民族文化的具体措施，有些已经上升到法律的层面。民族教育是提高民族素质的直接途径，是民族发展的前提条件。我国的民族教育在国家的扶持、帮助下已经取得了飞速的发展，但同民族地区的发展需求有着较大差距。我国的民族教育政策的具体措施有很多，如建立少数民族教育体系、更新民族教育内容、对民族教育的扶持和帮助等。(6) 民族语言文字政策。民族语言文字是民族内部成员交流互动的工具，涉及民族情感和民族尊严，在民族的形成发展过程中起着重要作用，所以斯大林把它作为民族的特征之一。尊重各民族语言文字、各民族都有使用和发展自己的语言文字的自由是我国民族语言文字政策的基本原则。根据这一原则，党和政府制定了一系列的政策措施来保证这一政策的落实。如组织少数民族语言文字调查队对少数民族语言文字进行全面调查；帮助一些少数民族创制和改革文字；实行母语教学和双语教学；建立民族语言文字研究机构和翻译机构等。(7) 民族风俗习惯政策。民族风俗习惯问题是民族问题中的敏感因素，民族风俗习惯政策是党和国家民族政策的重要内容之一。我国民族风俗习惯政策的基本原则是尊重少数民族的风俗习惯，各民族都有保持和改革自己的风俗习惯的自由。(8) 宗教信仰自由政策。民族问题和宗教问题的关联性使宗教信仰自由政策也成为民族政策的重要组成部分。保障少数民族群众的宗教信仰自由对国家的稳定、民族的团结、国家的经济建设有重要意义。我国的宗教信仰自由政策的基本原则是宗教信仰是公民个人的权利，公民有信仰宗教的自由，也有不信仰宗教的自由；有信仰这种宗教的自由，也有信仰那种宗教的自由，有信仰这个教派的自由，也有信仰那个教派的自由；过去不信仰宗教的，现在可以信仰，过去信仰宗教的，现在也可以不信仰；国家保护合法的宗教活动，任何个人和组织不得干涉公民的宗教信仰自由。

第二节　我国的民族政策法制化进程

我国的民族法是在长期的民主法制建设过程中，不断探索用法律手段来调整民族关系所形成的宝贵经验。我国的民族政策法制化进程是一个长期、逐步发展的过程。早在建立革命根据地时期，我们党就开始了将民族政策法制化，用法律手段来调整民族关系的尝试。当然，由于当时的革命任务的限制，其内容主要涉及组织和动员少数民族参加革命。革命的胜利，新中国的成立为民族法作为政党意志向国家意志形式转换重要手段的正常和快速发展奠定了基础。

我国的民族政策法制化进程在新中国成立后大致经历了四个阶段的发展。从 1949 年底政治协商会议的成功召开到 1957 年社会主义改造完成是我国民族政策法制化的第一个黄金发展期。这一时期的民族法形式既有宪法和一般法中关于民族问题的法律规范，也有专门性的民族法。前者如共同纲领和 1954 年第一部社会主义宪法中的相关规定，后者如 1952 年的《中华人民共和国民族区域自治实施纲要》。这一时期的民族政策法制化得到了党和国家的高度重视，制定了以共同纲领和宪法为统领的众多民族性法规，初步形成了有中国特色的民族法律体系。这一时期的专门性民族法规有《培养少数民族干部试行方案》《政务院关于民族事务的几项规定》《培养少数民族师资试行方案》《关于处理带有歧视或侮辱少数民族性质的称谓、地名、碑碣、匾联的指示》《关于加强少数民族教育工作的指示》《关于保障一切散居的少数民族成分享有民族平等权利的决定》等数十份法律文件。从法律的层级来看，这一时期的民族法主要是中央立法的大量出现，当然这和当时的立法体制有关。从法律的内容来看，包含了政治、经济、文化等各个方面。总体来说，这一时期的民族政策法制化体现了新中国人民政权下的新的民族法制理念，适合当时的中国民族实情，取得了丰硕的成果，是新中国民族政策法制化的第一个黄金发展期。

从 1957 年全面建设社会主义到 1966 年“文化大革命”开始是中国民族政策法制化的停滞期。这一时期由于整个国家建设和民族工作受到“左”的思想的影响，民族政策法制化进程也步履维艰。这一时期的民族政策法制化成果有民族区域自治法草案的拟定，但由于受政治形势的影响，最终没有制定出台。还有《民族自治地方财政管理暂行办法》和《关于改进民族自治地方财政管理的规定（草案)》等关于民族自治地方经济管理的法规。此外，还有全国人大常委会对一些自治地方的组织条例的批准。从立法的层级来看，这一时期的民族立法以地方立法为主。这一时期的中央立法数量非常有限，内容也比较单一，主要是关于少数民族自治地方财政管理方面的规定。这一时期的地方民族立法虽然从数量上看比较多，有数十个，但立法的内容仅涉及自治地方的组织条例，是对上级任务的应付，各地的组织条例有很大的雷同性。可以说，这一时期的民族立法基本属于停滞状态。

从 1966 年“文化大革命”开始到 1978 年党的十一届三中全会召开是民族政策法制化的倒退期。这一时期由于新中国成立初期的民族工作方针和民族工作机构受到了否定和破坏，导致民族立法工作不但停滞不前，还有些民族法规被否定和停止执行，对我国的民族法制化进程造成了极坏的影响。这一时期的民族立法成果基本处于空白状态。

从 1978 年党的十一届三中全会召开以后，我国的民族政策法制化进程进入了第二个发展黄金期。这一时期的民族政策法制化的最突出成果是《中华人民共和国民族区域自治法》的制定、颁布和修改。现行宪法（即八二宪法）在关于民族区域自治部分的规定中，不但恢复了五四宪法中所确立的一些重要原则，而且根据国家情况的新变化增加了很多新的内容。在宪法第一章总纲的第四条规定了各少数民族聚居的地方实行区域自治，设立自治机关，行使自治权。各民族自治地方都是中华人民共和国不可分离的部分。在宪法第三章第六节民族自治地方的自治机关中规定了自治机关的构成、自治机关的自治权和行使自治权的方式。宪法的规定为民族区域自治法的制定和出台提供了法律根据和坚实的基础。民族区域自治法的起草工作自 1955 年开始，中间经历了多次停顿，到党的十一届三中全会后才恢复。民族区域自治法的草稿经过了 10 多次的修改才最终定稿为草案，在 1984 年 5 月由六届全国人大二次会议审议通过，并于当年的 10 月 1 日起开始实施。民族区域自治法以宪法为依据，对我国的民族区域自治制度进行了全面的规定，包括自治地方与国家的关系，自治地方内部的民族关系、自治机关的构成、自治机关的自治权等。随着国家西部大开发战略的实施和民族地区市场经济建设的加快，民族立法产生了新的需要，在民族区域自治法颁布 17 年之后，2001 年 2 月，全国人大常委会审议通过了《关于修改〈中华人民共和国民族区域自治法〉的决定》。此次修改的内容主要是涉及加快少数民族地区经济和社会发展的相关规定，法律条文由 67 条增加到了 74 条。这一时期被称为民族政策法制化的第二个黄金期，有以下理由：一是这一时期的民族立法数量相当多。我国的现行民族法规大部分是在这一时期形成的。截至 2004 年底，155 个民族自治地方共制定了现行有效的自治条例 133 个，单行条例 384 个。[①] 二是这一时期基本形成了民族法的完善体系，包括中央立法和地方立法形成的民族法；专门民族法和一般法律中的民族法规范。

总之，我国的民族政策法制化进程是在国家社会主义建设过程中不断调整和发展的过程，虽然过去的民族政策法制化取得了一定的成就，但仍有很多有待改善的地方。在新的世纪征程中，民族工作的顺利开展更需要民族政策法制化的保证和促进。

第三节　我国的民族法制体系

我国的民族法制体系包括我国民族法制的基本原则、我国的民族管理机构、我国的民族地区管理体制、我国的民族法四个方面的内容。它是原则、机构、制度和法的综合体。研究我国的民族法制体系可以对我国的民族政策法制化有更为清晰的认识。

① 《中国民族信息年鉴》. 2005 年创刊号，第 44 页。

一、我国民族法制的基本原则

民族法制的基本原则是指在国家的民族法制建设过程中贯穿始终应该遵循的基本原理和准则。我国的民族法制原则是在总的法制原则的基础上，结合民族法制调整对象的特征和民族法制的特点而形成的基本原则。我国民族法制的基本原则包括各民族一律平等原则、维护民族团结和国家统一原则、保障少数民族合法权益原则、促进各民族共同繁荣发展原则、保障少数民族自治权利的原则。

（一）各民族一律平等原则

民族平等是马克思主义民族观的根本原则，其他基本原则都以这一原则为基础。我国的民族法制建设以马克思主义为其理论基础决定了各民族一律平等是我国民族法制的基本原则之一。我国宪法第四条明文规定："中华人民共和国各民族一律平等。"① 我国的民族平等是指各民族不分人口多少、历史长短、发展程度高低，他们在国家的政治、经济、文化和社会生活的各个方面都平等享有法律规定权利和履行法定的义务，不能歧视任何民族，任何民族也不能享有特权。由此可以看出，我国的各民族一律平等包含三个方面的内容：一是一切民族的平等。不管民族之间的差别有多大，都是中华民族大家庭中的平等一员，不允许任何民族享有特权，也不允许歧视任何民族。二是一切方面的平等。各民族所享有的平等权利涵盖政治、经济、

---

① 《中华人民共和国法律汇编》(1979-1984). 北京：人民出版社，1985 年版. 第 6 页。

文化和社会生活等一切方面。三是法律权利义务规定下的平等。我国的民族平等不是结果的平等，而是指在法律面前的平等，包括立法的平等和法律适用的平等。各民族都平等地享有法律赋予的权利，需要平等地履行法定的义务。各民族一律平等在民族法制建设整个过程中都有所体现，如机构的设置、法律的制定、法律的执行等。

（二）维护民族团结和国家统一原则

民族团结和国家统一是辩证的关系，对多民族国家有重要影响。民族团结是国家统一的基础和前提，没有各民族的团结就没有国家的统一、稳定和长治久安。毛泽东曾指出："国家的统一，人民的团结、国内各民族的团结，这是我们的事业必定胜利的基本保证。"① 江泽民也曾经在中央民族工作会议上强调："国家统一、民族团结，则政通人和、百业兴旺；国家分裂、民族纷争，则丧权辱国、人民遭殃。"② 民族团结和国家统一的重要性使之成为我国民族法制的基本原则之一。我国宪法规定，中华人民共和国公民有维护国家统一和全国各民族团结的义务。禁止对任何民族的歧视和压迫，禁止破坏民族团结和制造民族分裂的行为。维护民族团结和国家统一原则在我国的民族法制原则中具有基础性的地位。③ 1984 年通过的《民族区

---

① 国家民族事务委员会政策研究室编.《中国共产党人主要领导人论民族问题》. 北京：民族出版社，1994 年版. 第 144 页。

② 国家民族事务委员会编.《中国共产党关于民族问题的基本观点和政策（干部读本）》. 北京：民族出版社，2002 年版. 第 283 页。

③《中华人民共和国法律汇编》(1979-1984). 北京：人民出版社，1985 年版. 第 6 页。

域自治法》规定“上级国家机关和民族自治地方的自治机关维护和发展各民族的平等、团结、互助的社会主义民族关系”。[①]

（三）保障少数民族合法权益原则

少数民族的合法权益是指法律明文规定的少数民族应当享有的权利和利益。少数民族合法权益的范围是一个历史因素和现实因素相结合、物质因素和精神因素相结合的产物。我国的少数民族合法权益是在我国现有经济条件下，结合民族实情和国家实力对少数民族权利和利益的法律规定。我国各少数民族的合法权益具有真实性和可能性，是少数民族群众能够真正享有的权利和获得的利益。我国宪法第四条规定，“国家保障各少数民族的合法的权利和利益”。[②] 少数民族的合法权益包括政治权益、经济权益、文化权益等各方面的权益。我国少数民族合法权益的保障措施包括民族法制的整个过程，包括民族法的制定、民族法的适用、民族事务的管理、国家民族制度的安排，等等。

（四）促进各民族共同繁荣发展原则

马克思主义民族观和中国民族理论认为社会主义时期是各民族全面发展和共同繁荣的时期。与之相应，我国当前的民族工作主题被确立为“两个共同”，即各民族共同团结奋斗，各民族共同繁荣发展。各民族的共同繁荣发展是我国处理民族问题、制定民族政策的一项基本原则，也是我国民族法制的基本

① 国家民族事务委员会、中共中央文献研究室.《新时期民族工作文献选编》. 北京：中央文献出版社，1990 年版. 第 238 页。

② 《中华人民共和国法律汇编》（1979－1984）. 北京：人民出版社，1985 年版. 第 6 页。

原则。周恩来曾指出："我们对各民族既要平等，又要使大家繁荣。各民族繁荣是我们社会主义在民族政策上的根本立场。"①我国宪法规定，国家尽一切努力，促进全国各民族的共同繁荣。促进各民族共同繁荣已经成为我国民族工作和民族法制建设的重点和最大难点。

（五）保障少数民族自治权利的原则

保障少数民族的自治权利是指国家通过在各少数民族聚居的地方，设立自治机关，保障少数民族群众行使管理本民族内部事务的权利。少数民族自治权利的享有和保障以国家的民族区域自治制度和民族自治地方的成立为基础。民族区域自治是我国解决民族问题的基本政策，是我国的一项基本政治制度，所以通过民族区域自治，保障少数民族自治权利也成为我国民族法制的原则之一。

二、我国的民族事务管理机构

我国的中央民族事务管理机构是中华人民共和国民族事务委员会。国家民族事务委员会是中华人民共和国最早成立的中央部委之一。1949 年 10 月 22 日，中央人民政府民族事务委员会成立，简称中央民委。1954 年全国人大一次会议上，中央民委会改称中华人民共和国民族事务委员会。1970 年 6 月 22 日，中华人民共和国民族事务委员会被撤销。1978 年，五届全国人大一次会议决定恢复国家民委，简称国家民委，此后一直作为国务院组成部门。

---

① 《周恩来选集》下卷. 北京：人民出版社，1984 年版. 第 263 页。

国家民族事务委员会的职责如下：

（1）贯彻执行党中央、国务院关于民族工作的方针、政策，组织开展民族理论、民族政策和民族工作重大问题的调查研究，提出有关民族工作的政策建议。

（2）负责协调推动有关部门履行民族工作相关职责，促进民族政策在经济发展和社会事业有关领域的实施、衔接，对政府系统民族工作进行业务指导。

（3）起草民族法律法规和政策规定，负责督促检查落实情况，保障少数民族的合法权益，联系民族自治地方，协调、指导民族区域自治法的贯彻落实。

（4）研究提出协调民族关系的工作建议，协调处理民族关系中的重大事项，参与协调民族地区社会稳定工作，促进各民族共同团结奋斗、共同繁荣发展，维护国家统一。

国家民委下设司、局和室，具体有办公厅、政策法规司、监督检查司、经济发展司、文化宣传司、教育科技司、国际交流司、财务司、人事司、机关党委、驻委纪检组、监察局、离退休干部局、民族问题研究中心（政策研究室）、信息中心、全国少数民族古籍整理研究室、机关服务中心（局）。其主要内设机构的职能分工如下：

办公厅协助委领导处理机关日常工作，协调安排委领导活动；承担联系兼职委员单位的具体工作；负责机关规章制度建设和国家民委有关综合性文稿起草；负责机关会议活动管理和重要会议活动的组织、协调工作；承担委内重要会议决定事项及委领导交办事项的督查督办；协调办理人大代表建议和政协委员提案；承担联系民族自治地方和民族自治地方成立逢 10 周年庆祝有关工作；承担少数民族重要学习、参观、考察等事宜的具体工作和有关接待服务工作；负责机关值班工作；负责机关并指导在京直属单位文电、应急、机要、档案、保密、信访等工作；承办委领导交办的其他事项。

政策法规司起草民族法律法规草案，拟订政策措施，承担民族法律法规的普及宣传教育工作；承办民族识别、民族成分管理和民族团结进步表彰有关工作；办理涉及少数民族风俗习惯的有关事宜；参与涉及我国少数民族人权的国际活动；配合有关部门开展涉及少数民族的妇女儿童、人口与计划生育、老龄、残疾人、双拥等工作；承担行政复议工作；承办委领导交办的其他事项。

监督检查司承担民族法律法规和民族政策执行情况的督促检查工作；承担协调、指导民族区域自治法贯彻落实的具体工作；研究民族关系重大突发事件的预警、应急机制问题，承担有关协调处理工作；研究提出协调民族关系的工作建议；参与协调民族地区社会稳定工作；推进民族事务服务体系和民族事务管理信息化建设；承办委领导交办的其他事项。

经济发展司研究提出少数民族和民族地区经济发展特殊政策建议，协调、配合有关部门处理具体事宜；负责规划管理和拟订少数民族事业等专项规划，承担监督检查规划实施情况的具体工作；参与拟订民族地区经济社会相关领域的发展规划；承担民族统计分析和综合评价监测体系的有关工作；承担参与协调民族地区对口支援、经济技术合作和民族贸易、民族特需商品生产的有关工作；承担参与少数民族发展资金管理工作和扶贫工作；承办委领导交办的其他事项。

文化宣传司研究提出少数民族和民族地区文化、卫生、体育、广播影视、新闻出版事业发展的特殊政策建议，协调、配合有关部门开展相关工作；组织指导宣传教育工作，承担民族政策、民族工作成就、民族基本知识的宣传教育和有关对外宣传工作；承担新闻发布的组织工作，负责重要会议、活动的新闻报道；承担民族文化的交流与合作工作，承办重大民族文化、体育活动的具体事务；指导民族古籍的搜集、整理、出版工作，协助有关部门开展民族文物保护工作；指导直属文化宣传单位的业务工作；承办委领导交办的其他事项。

教育科技司研究提出少数民族和民族地区教育、科技发展特殊政策建议，协调或配合有关部门处理具体事宜；配合办理扶持、援助民族教育有关事项；承担少数民族语言文字及翻译的有关管理工作，参与协调双语教育工作；指导有关科技科研工作；参与管理少数民族教育中央补助专款；指导民族语文机构和直属民族院校业务工作；承办委领导交办的其他事项。

国际交流司研究拟定民族事务方面国际交流与合作的发展规划；承办民族工作领域有关对外和对港澳台的交流与合作；了解境外少数民族同胞的有关情况，承办协调处理少数民族涉外事宜；参与涉及民族事务的对外宣传工作；归口管理民委系统的涉外和涉港澳台事务；承办委领导交办的其他事项。①

地方的民族事务管理机构分省、市、县三级。各省、直辖市设民族事务委员会，是政府的职能部门之一，一般和宗教事务局“两块牌子，一套机构”。省民委的内部机构设置为

---

① 参见 http://www.neac.gov.cn/gjmw/mwjs/M08index_ 1.htm。

职能性的处和室。市级的民族事务管理机构是民族宗教局，兼管民族和宗教事务。市民族宗教局内设职能性的科和室。县级的民族事务管理机构也被称为民族宗教局，其内部机构设室和股。

三、我国的少数民族地区管理体制

我国的少数民族地区管理体制是民族区域自治。

（一）民族区域自治的性质

根据民族区域自治法的规定，民族区域自治是在国家统一领导下，各少数民族聚居的地方实行区域自治，设立自治机关，行使自治权。民族区域自治是中国共产党运用马克思列宁主义解决我国民族问题的基本政策，是国家的一项基本政治制度。

（二）民族自治地方和民族自治机关

民族自治地方分为自治区、自治州、自治县。各民族自治地方都是中华人民共和国不可分离的一部分。另外，根据宪法的规定，在相当于乡的少数民族聚居区和原来的相当于乡的民族自治区建立民乡，但其不属于民族自治地方。

民族自治地方设立自治机关，自治机关是国家的一级地方政权机关。民族自治地方的自治机关是自治区、自治州、自治县的人民代表大会和人民政府。民族自治地方的人民政府对本级人民代表大会和上一级国家行政机关负责并报告工作，在本级人民代表大会闭会期间，对本级人民代表大会常务委员会负责并报告工作。各民族自治地方的人民政府都是国务院统一领导下的国家行政机关，都服从国务院领导。自治区主席、自治州州长、自治县县长由实行区域自治的民族的公民担任。自治区、自治州、自治县的人民政府的其他组成人员，应当合理配备实行区域自治的民族和其他少数民族的人员。民族自治地方的人民政府实行自治区主席、自治州州长、自治县县长负责制。民族自治地方的人民代表大会中，除实行区域自治的民族的代表外，其他居住在本行政区域内的民族也应当有适当名额的代表。民族自治地方的人民代表大会中，实行区域自治的民族和其他少数民族代表的名额和比例，根据法律规定的原则，由省、自治区、直辖市的人民代表大会常务委员会决定，并报全国人民代表大会常务委员会备案。民族自治地方的人民代表大会常务委员会中应当由实行区域自治的民族的公民担任主任或者副主任。

民族自治地方的自治机关行使宪法第三章第五节规定的地方国家机关的职权，同时依照宪法和民族区域自治法以及其他法律规定的权限行使自治权，根据本地方的实际情况贯彻执行国家的法律、政策。

（三）自治权

1. 立法自治权

民族自治地方的人民代表大会有权依照当地民族的政治、经济和文化的特点，制定自治条例和单行条例。上级国家机关的决议、决定、命令和指示，如有不适合民族自治地方实际情况的，自治机关可以报经该上级国家机关批准，变通执行或者停止执行。

2. 人事管理自治权

民族自治地方的自治机关根据社会主义建设的需要，采取各种措施从当地民族中大量培养各级干部，各种科学技术、经营管理等专业人才和技术工人，充分发挥他们的作用，并且注意在少数民族妇女中培养各级干部和各种专业技术人才。民族自治地方的自治机关录用工作人员的时候，对实行区域自治的民族和其他少数民族的人员应当给予适当的照顾。民族自治地方的企业、事业单位依照国家规定招收人员时，优先招收少数民族人员，并且可以从农村和牧区少数民族群众中招收。

3. 社会事业管理自治权

包括组织公安部队进行社会治安管理，人口管理自治权和计划生育自治权、教育自治权、文化科技医疗体育自治权。如民族自治地方的自治机关依照国家的军事制度和当地的实际需要，经国务院批准，可以组织本地方维护社会治安的公安部队。民族自治地方的自治机关根据国家的教育方针，依照法律规定，决定本地方的教育规划，各级各类学校的设置、学制、办学形式、教学内容、教学用语和招生办法。

4. 经济管理自治权

包括经济建设管理自治权、经济发展自治权、资源管理自治权、基本建设自治权、企事业单位管理自治权和对外经济贸易自治权。如民族自治地方的自治机关在国家计划的指导下，根据本地方的特点和需要，制定经济建设的方针、政策和计划，自主地安排和管理地方性的经济建设事业。

5. 财政自治权

包括地方财政管理自治权、税收减免自治权、金融管理自治权。如民族自治地方的自治机关有管理地方财政的自治权。凡是依照国家财政体制属于民族自治地方的财政收入，都应当由民族自治地方的自治机关自主地安排使用。[①]

四、我国的民族法体系

全面依法治国是我国新时代的治国方略，建设社会主义法治国家是建设中国特色社会主义的目标之一。建设民族法体系是法治社会的基本要求和基本内容，在多民族的中国，完善的民族法体系是建设法治国家的前提。1992 年 1 月，中央民族工作会议提出："到本世纪末，要形成比较完备的社会主义民族法规体系和监督机制。"[②] 在此指导下，中国的民族法律体系和民族法律制度已经初步形成。

我国的民族法体系是国家法律体系中的全部民族法律规范的总和。我国的民族法体系是我国重要的部门法之一，依照一定的标准和原则划分和构成，是具有严密逻辑的独立整体。我国民族法体系构成的基础是多民族国家的社会生活实际。在多民族国家的社会生活中，用法律手段调节民族关系和正确处理民族问题，是一个法制国家的必然要求。我国民族法体系的内容基础是所有现行的法律、法规中的民族法规范。现行宪法、法律、法规所包含的全部民族法律规范，成为构建民族法体系的基本组成部分，它们依照一定的层次结构和联系，形成我国民族法的实体内容。

我国的民族法体系的构成有多种分类方法。从法的层级来

---

① 参见全国人大常委会秘书处秘书组、国家民委政法司编.《中国民族区域自治法律法规通典》. 北京：中央民族大学出版社，2002 年版. 第 13-28 页。

② 国家民族事务委员会、中央文献研究室编.《民族工作文献选编》（1990-2002 年），北京：中央文献出版社，2003 年版. 第 35 页。

分，有宪法中的民族法规范、基本法中的民族法规范、行政法规中的民族法规范、地方性法规中的民族法规范、自治条例和单行条例中的民族法规范；从法的适用范围来分，可以分为全国性民族法规范、区域自治性民族法规范和散居性民族法规范；从法的专属性来分，可以分为专门性民族法和其他法律法规中的民族法规范；从立法机关的角度来分，可以分为中央立法、地方立法、人大立法和行政机关立法；从法的内容来分，可以分为政治、经济、文化、教育等方面的民族法规。总之我国的民族法体系是以宪法为母法，以民族区域自治法为基本法，由其他法律法规中的法律规范、单行条例和自治条例、变通规定等子法组成的内容众多、层次复杂、体系完善的法律体系。

我国民族法的内容主要涉及十个方面：一是关于民族工作机构的规定。主要规定民族工作机构的设置，民族工作机构的指导思想、主要任务和职责。二是关于民族区域自治制度的规定。主要规定了民族自治地方的建立、自治机关的组成、自治机关的自治权、上级国家机关的领导和帮助的职责以及民族自治地方内的民族关系。三是关于散居少数民族平等权利保障的规定。主要规定散居少数民族发展经济和文化事业，尊重他们的语言文字、风俗习惯和宗教信仰。四是关于培养和使用少数民族干部的规定。五是关于发展少数民族教育、卫生、体育的规定。六是关于少数民族文化的规定。七是关于少数民族语言文字、风俗习惯和宗教信仰的规定。八是关于民族自治地方财政管理的规定。九是关于发展少数民族地区经济的规定。十是关于发展民族贸易和民族特需用品生产的规定。

我国民族法的特点如下：一是它以调整民族关系，处理民族问题为己任。我国民族法的调整对象是社会主义民族关系，这是民族法调整对象的特殊性。二是民族法以宪法为母法，以民族区域自治法为基本法。三是我国的民族具有综合性。既有实体性规定，又有程序性规定。

第六章　清代民族政策法制化对当代民族法制建设的启示及借鉴意义

研究和讨论清代政策法制化的过程、内容以及经验教训的目的在于为中国当代的民族法制建设提供借鉴。以铜为镜可以正衣冠，以史为镜可以知兴替。清代的民族政策法制化虽然和当代的民族法制建设实践有着重大的差别，但同时两者也有着某种共性。清代的民族政策法制化和当代的民族法制建设的客体同是中国的民族问题，两者的政策对象同样是中国的少数民族，两者的部分目标都是实现民族关系的和谐。所以，分析清代民族政策法制化对当代民族法制建设具有十分重要的现实意义。

第一节　清代民族政策法制化对当代民族法制建设的形式意义

清代民族政策法制化对当今民族法制建设的形式意义是指抛开内容方面，仅从外表的形式来看，清代的民族政策法制化实践对我国当今的民族法制建设有何借鉴意义。

一、从清朝政府对民族问题的重视看当代的民族工作的地位

清朝统治者十分重视民族问题，把民族问题摆在国家管

理的极高位置。这可能和清朝统治者来自少数民族地区，对民族地区的实际情况和重要性有着清醒的认识有关，清朝统治者从立国之初就把民族问题、民族关系的处理作为管理国家的重要事务。清朝统治者对民族问题的重要性可以从它的民族政策法制化中得到明显的印证，如理藩院的地位与六部等同，是清代中央机构八衙门之一；再如官员配置上，理藩院尚书的人选一般只能由满族人和蒙古族人来担任，汉人不得担任。理藩院尚书一般由朝中拥有实权的权贵来担任，他们在清朝的朝政中有很大的发言权。在理藩院的职权范围上，理藩院的职权相当广泛，并且拥有实权，如立法权、地方官员的任免权等。在地方民族事务管理中，清代的地方民族事务管理由行政官员兼理，保证了民族问题情况能够及时到达地方最高首领和中央。同时地方官员也把民族事务管理作为自己的重要职责之一。从上可以反映出清朝统治者对民族问题重要性的认识和重视。

党和政府十分重视民族关系的协调和民族问题的处理，党中央对民族问题作出重要性论述，民族区域自治被定为解决中国民族问题的基本政策，国家的三大基本政治制度之一。但目前的制度设置和体制安排使这种思想不能在实际工作中完全得到落实。首先，从民族管理机构的级别来看，国家民族委是国务院的组成部门之一，它与清朝的理藩院的行政级别看似相当，实际差别较大。其次，从国家民委最高领导的行政级别来看也与清朝时期的理藩院尚书有着明显的差别。最后，从国家民委的职权范围来看也相当有限，大家都认为，国务院部委中最无权、最穷的是民委，地方政府机关中最无权、最穷的是民宗局。

甚至把某人被任命为民族事务管理机关的官员视为是对他的冷却和放弃，在民间叫明升暗降。民族事务管理队伍建设和工作硬件落后问题明显。人员少、装备差、设施落后，已经与实际的工作需要形成了极大的差距。在这种情况下，很多专门的民族工作人员和工作机构只能穷于应付文件收发，很多实际的重要工作搁置多年而无法实施。笔者曾经走访内蒙古自治区的公安部门和民宗局，其中公安厅独占一幢十几层的大楼，楼上工作人员人来人往；而民宗局却寄居在别的部门的楼内，只有两个处，八名工作人员。这还是民族地区的民族工作部门，汉族地区的民族工作部门的窘境更可预见。人员的匮乏使得很多民族工作难以开展，很多措施只是停留在纸面上。在工作人员中，真正受过正规民族类教育的也屈指可数，很多是转业军人，等等。中国作为一个统一的多民族国家，历史上出现的民族纷争层出不穷，最终形成了各民族大杂居、小聚居，多元一体的民族格局。各民族的团结就是各族人民的共同愿望和根本利益。由于民族团结的历史传统和党的政策的正确性，我国的民族关系开创了历史上史无前例的良好局面。在这种大好局面下，我们更需要居安思危，需要更加重视民族工作。但由于种种原因，民族问题的重要性已经被一些同志淡忘了。实际工作中出现了把民族工作民族化和地区化的趋向。很多领导干部认为，民族工作由专门的民族工作部门来负责，与自己的工作无关。正职领导和其他部门的领导对党和国家的民族政策和基本的民族理论知之甚少。还有很多汉族地区的干部认为本地区内的民族关系不需要调控，民族问题与自己的工作无关。这种主观上的无关于己的心理和民族知识的缺乏，导致了民族工作的落后。民族工作成为他们拿来装点门面和展示工作面面俱到的装饰品；民族工作在这些人眼中只是可有可无的政治任务。甚至认为谈民族工作就是要钱、要物、要权，把自己和民族工作对立起来。往往他们的只言片语和无意之举就可以使专门主体的很多工作成果付之东流；无事时飞扬跋扈，当出现突发事件时又手足无措，只会等指示、等命令。在这种基本认识前提下，其行动的自觉性是什么状况可想而知。这种思想观念的存在和我国的基本国情格格不入，具有这种思想的人所处的地位越高，对民族工作造成的不利性影响就越大。在中国这样一个多民族国家中，特别是在人口高度流动、民族意识迅速增强的时期，真正能够胜任一个部门或地区正职领导的，其知识储备中必须有民族知识的支撑，必须有民族工作意识。纠正对民族工作地位的错误认识才能使全国形成一种合力，各族人民的根本利益才能得到实现和保障，各民族共同繁荣的局面才能有坚实的思想基础。

【建议】为了迅速改变对民族问题和民族工作的重要性认识问题，提出以下几点建议以供讨论。

1. 建议提高国家民委会的行政级别，赋予其更多的权力。

2. 建议提高国家民委会主任的行政职务级别到副总理级。

3. 建议通过法律规定中央政治局常委中应至少有一名少数民族人士，或者副总理中至少有一名少数民族人士。

4. 建议在人大和政协以外另设民族协商会议，为少数民族参政议政提供更多的机会。

5. 建议改善民族工作机构的人员配置和工作条件。

6. 建议把民族工作成绩作为领导考核的重要指标。

二、从清代民族法的具体化和权利义务明晰化看当代民族法的政策化

从形式上看，清代的民族法十分具体，对权利义务的规定相当明晰。如在对宗教首领来京供给廪饩方面的规定细致到羊、鹅、鸡、牛几只，棉花几两，醋几斤等。另外，清朝民族法中的权利义务规定十分明确，并且责任到人。

我国的民族法内容十分丰富，但形式上出现了明显的法律政策化。本来把党和国家的方针、政策定型化的表现，把实践证明比较成熟的党和国家的方针、政策用法律的形式固定下来只是制定法律的方法之一，但在我国的民族法中，这种类似的规定占了绝大多数。这种现象的出现和我国的整体法制化进程是密切相关的，我国的改革开放属于政府主导型，立法被政府作为改革的工具。政府对立法工作的重视源于立法是政策由政党意志向国家意志转换的重要工具。越来越多的政策性内容被写入法律，法律与政策的界限变得模糊，法律中包含了大量的政策性语言和导向性语言。法律政策化使政策和法律的应有属性难以体现，它们各自的优点也难以发挥。本来政策和法律各有长处，各有优势领域，是国家管理中相互支撑的两种手段。法律相较于政策的特点和优势在于法律的权威性、实效性和现实性，而法律政策化的出现使法律的优势荡然无存。民族法的政策化使民族法受到了严重的影响，消弱了民族法在社会中的作用。(1) 民族法规范中法律后果的缺乏使民族法的权威性大打折扣。法律规范的要素包括假设、行为模式和法律后果，这三者的互相结合才能构成严密的逻辑体系。法律规范中的罚则

规定是体现法律的权威性的重要手段，而我国的民族法中对法律后果的规定几乎没有。民族区域自治法第五条规定："民族自治地方的自治机关必须维护国家的统一，保证宪法和法律在本地方的遵守和执行。"① 第十一条第四款规定："任何人不得利用宗教进行破坏社会秩序、损害公民身体健康、妨碍国家教育制度的活动。"② 这还仅仅是民族区域自治法中的禁止性规定缺乏法律后果的表现，作为民族区域自治法主要组成部分的授权性规定部分的法律后果更是完全没有。法律规范缺乏法律后果使民族法规范实际上已经不是真正的法律规范，其权威性必然得不到应有的体现。(2) 民族法中的法律条文的模糊性使民族法的实效性难以体现。法的规定要真正成为社会生活的行为规范，必须十分明晰，具有可执行性。如果法律规定的权利义务主体不明，或者行为模式仅仅是一种描述，则法律在社会生活实践中根本不可能取得实际效果。我国的民族法中充斥了大量的政策性口号，有的只有一个模糊的权利义务主体，有的对权利义务的内容只是模糊性描述。这也是我国的民族法在社会中不能发挥作用、政策得不到落实的重要原因之一。如民族区域自治法第八条规定："上级国家机关保障民族自治地方的自治机关行使自治权，并且依据民族自治地方的特点和需要，努力帮助民族自治地方加

① 全国人大常委会秘书处秘书组、国家民委政法司编.《中国民族区域自治法律法规通典》. 北京：中央民族大学出版社，2002 年版. 第 15 页。

② 全国人大常委会秘书处秘书组、国家民委政法司编.《中国民族区域自治法律法规通典》. 北京：中央民族大学出版社，2002 年版. 第 16 页。

速发展社会主义建设事业。"[①] 第九条规定："上级国家机关和民族自治地方的自治机关维护和发展各民族的平等、团结、互助的社会主义民族关系。禁止对任何民族的歧视和压迫，禁止破坏民族团结和制造民族分裂的行为。"[②] 这里的上级国家机关根本没有任何明确性规定，任何上级国家机关都可以成为义务主体，任何上级机关都可能推卸责任。民族区域自治法第二十二条规定："民族自治地方的自治机关根据社会主义建设的需要，采取各种措施从当地民族中大量培养各级干部、各种科学技术、经营管理等专业人才和技术工人，充分发挥他们的作用，并且注意在少数民族妇女中培养各级干部和各种专业技术人才。民族自治地方的自治机关录用工作人员的时候，对实行区域自治的民族和其他少数民族的人员应当给予适当的照顾。民族自治地方的自治机关可以采取特殊措施，优待、鼓励各种专业人员参加自治地方各项建设工作。"[③] 在这部分规定中，对实际措施和方法的规定只字未提。(3) 民族法中有一部分过高的口号性要求，可以说只对奋斗目标作出了展望，缺乏具体的实施步骤。这种规定使法律的现实性根本无法体现。法律应该是用能够实现的权利义务规定来规范人们的行为，如果法律的目标定得过高，就成了一种美好愿望和追求目标，并不能成为现实的行为规范。如民族区域自治法第三

---

① 全国人大常委会秘书处秘书组、国家民委政法司编.《中国民族区域自治法律法规通典》. 北京：中央民族大学出版社，2002 年版. 第 16 页。

② 全国人大常委会秘书处秘书组、国家民委政法司编.《中国民族区域自治法律法规通典》. 北京：中央民族大学出版社，2002 年版. 第 16 页。

③ 全国人大常委会秘书处秘书组、国家民委政法司编.《中国民族区域自治法律法规通典》. 北京：中央民族大学出版社，2002 年版. 第 19 页。

十七条第一款和第二款规定："民族自治地方的自治机关自主地发展民族教育，扫除文盲，举办各类学校，普及九年义务教育，采取多种形式发展普通高级中等教育和中等职业技术教育，根据条件和需要发展高等教育，培养各少数民族专业人才。民族自治地方的自治机关为少数民族牧区和经济困难、居住分散的少数民族山区，设立以寄宿为主和助学金为主的公办民族小学和民族中学，保障就读学生完成义务教育阶段的学业。办学经费和助学金由当地财政解决，当地财政困难的，上级财政应当给予补助。"①从民族地区的经济实力和师资力量来看，这种目标在目前基本是不可能实现的。这种法律规定使民族法成为美好的愿望和长远的奋斗目标。

【建议】

1. 在民族法中明确规定权利义务主体，使责任权利明晰化。

2. 把民族法分为总则和分则两部分，在总则中集中规定政策性内容，分则中不再出现。

3. 在民族法中不具有现实性的规定放入总则，凡是分则部分的规定都要有明确性的强制性规定。

4. 在民族法中引入法律后果，即使不能具体规定也要用授权性规则和准用性规则来明确法律后果。

三、从清代的地方民族立法看当代地方民族立法的改进

清代民族法的来源有以下几种：皇帝的诏令、理藩院的

① 全国人大常委会秘书处秘书组、国家民委政法司编.《中国民族区域自治法律法规通典》. 北京：中央民族大学出版社，2002 年版. 第 21 页。

立法、封疆大吏的奏折、民族习惯法的认可。在这几种立法中，皇帝的诏令和理藩院的立法是中央立法，封疆大吏的奏折和民族习惯法的认可相当于地方立法。在其整个民族法体系中，中央立法和地方立法相互配合，相得益彰，形成了完善的民族法体系。地方民族立法在清代民族法中起着重要作用，如青海蒙藏地区的管理和西藏的管理主要依据就是地方民族立法。中央立法在高的层次起统领作用，地方民族立法由熟悉民族地区情况的官员来制定，其内容能够适合民族地区社会发展情况，有针对性地解决民族地区面临的实际问题。在清代的民族立法体系中，中央与地方的分权使两者都能发挥应有的作用。

我国当代的民族法中也有中央立法和地方立法，但在整个体系中，地方民族立法并没有完全发挥其功效，处于亟待改革的状况。我国宪法第一百一十六条规定："民族自治地方的人民代表大会有权依照当地民族的政治、经济和文化的特点，制定自治条例和单行条例。自治区的自治条例和单行条例，报全国人民代表大会常务委员会批准后生效。自治州、自治县的自治条例和单行条例，报省或者自治区的人民代表大会常务委员会批准后生效，并报全国人民代表大会常务委员会备案。"[①] 宪法第一百一十五条规定："自治区、自治州、自治县的自治机关行使宪法第三章第五节规定的地方国家机关的职权，同时依照宪法、民族区域自治法和其他法律规定的权限行使自治权，根据

---

① 全国人大常委会秘书处秘书组、国家民委政法司编.《中国民族区域自治法律法规通典》. 北京：中央民族大学出版社，2002 年版. 第 2-3 页。

本地方实际情况贯彻执行国家的法律、政策。”[①] 我国的民族区域自治法第六条第一款和第二款规定：“民族自治地方的自治机关领导各族人民集中力量进行社会主义现代化建设。民族自治地方的自治机关根据本地方的情况，在不违背宪法和法律的原则下，有权采取特殊政策和灵活措施，加速民族自治地方经济、文化建设事业的发展。”[②] 第二十条规定：“上级国家机关的决议、决定、命令和指示，如有不适合民族自治地方实际情况的，自治机关可以报经该上级国家机关批准，变通执行或者停止执行；该上级国家机关应当在收到报告之日起六十日内给予答复。”[③] 从上述规定可以看出，民族自治地方的自治权是宪法和民族区域自治法明文规定的，但由于我国的权力分配形式长期沿用供给主导型模式，而权力的需求诱导形模式发展不足，导致人们的权力心理严重依赖供给主导模式。这种状况和我国的民主集中制原则是不相符合的。按照我国的民主集中原则，在处理地方与中央的关系时，既要讲集中，地方服从中央；又要讲民主，发挥地方的积极性。但在我国的宪法和民族区域自治法本身的规定中就存在，例如关于自治条例和单行条例的批准制，相对于其他地方性法规的备案制来讲，就不利于地方积极性的发挥。还有在对上级国家机关的法律法规变通执行和停止

---

① 全国人大常委会秘书处秘书组、国家民委政法司编.《中国民族区域自治法律法规通典》. 北京：中央民族大学出版社，2002 年版. 第 2 页。

② 全国人大常委会秘书处秘书组、国家民委政法司编.《中国民族区域自治法律法规通典》. 北京：中央民族大学出版社，2002 年版. 第 15 页。

③ 全国人大常委会秘书处秘书组、国家民委政法司编.《中国民族区域自治法律法规通典》. 北京：中央民族大学出版社，2002 年版. 第 18 页。

执行时，必须由该国家机关本身批准，这样就使上级国家机关长期处于超然的优越地位。长期处于这种权力分配模式下的民族自治地方自治机关，在多次碰壁后形成了一种惰性心理。而在实际工作中，真正了解和清楚民族自治地方的实际情况和实际需求的又恰恰是这些基层工作者。这样就形成了一种实际需求和现实法律脱节，但人人又感到无可奈何，无从下手的尴尬局面。上级国家机关的集中和自治地方的自主应该是并行不悖的互动过程，但由于种种原因，这两者的互动关系并不理想。如何使地方积极性和中央的权威性更好地结合起来，使两者形成良性互动，是我国新时期民族立法的根本性难点。据统计，到 2003 年底，全国 155 个民族自治地方共制定自治条例 133 个，单行条例 384 个，变通规定 68 个。[①] 五大自治区至今没有自治条例出台。从数量上看，自治条例和单行条例并不少，但真正的符合自治实际的并不多。自治条例和单行条例应该是根据宪法、民族区域自治法、立法法等相关法律规定，在结合当地的实际的前提下，对本地区具体事务管理所做的规定。自治条例和单行条例应当是具有可操作性和实用性的地方性法规，但在目前形势下，要对具体管理事务作出规定，必然会和我国条块分割的中央管理体制产生冲突。在实践中有很多具有实用性的自治条例和单行条例不能通过，根源在于地方自治权和中央统一权之间没有明晰的界限划分。大部分自治地方的自治条例和单行条例就是民族区域自治法的翻版。真正能适应当地发

① 中华人民共和国国务院新闻办公室.《中国的民族区域自治》.《中国民族报》2005 年 3 月 1 日。

展需要和解决实际问题的内容并不多。从这一点看，五大自治区的自治条例没有出台可视为一种谨慎行为。自治条例和单行条例不能也不应该成为民族区域自治法的翻版，同时自治条例和单行条例不应该是各民族、各自治地方都雷同的。自治条例和单行条例应该是根据自治地方的实际情况，在宪法和法律授权的前提下，对具体事务的具体规定，是上位法的具体化，而不是上位法的重复。

【建议】

1. 在宪法中和民族区域自治法中规定中央和自治地方的分权范围，为地方立法创造条件。

2. 加快真正的地方民族立法的进程，改善民族法体系结构。

3. 在五大自治区中设立新的自治条例制定试点。

第二节　清代民族政策法制化内容对当代民族法制建设的意义

清代民族法的内容中有很多重要部分具有先进性，虽然由于历史时代的原因和国家性质原因，我们不能对清代的民族法照搬照抄，但从其法的内容中我们可以得到一些有益的启示。我国的民族法制化建设应该继承和吸收历代统治者的先进经验，应当吸取他们的经验教训，当然包括清朝民族法内容方面的启示。

一、从清代民族法中对文化的规定看民族文化立法如何增强中华民族的凝聚力

清代统治者十分重视对民族文化的利用，他们把对少数民族文化的认可和尊重当作改善民族关系、促进民族融合、增强国家凝聚力的重要手段。清朝统治者对民族文化的利用在清代民族政策法制化中有明显的体现，如尊崇藏传佛教，他们给予藏传佛教首领极高的名誉和地位，给予丰厚的赏赐和廪饩。这样做的目的并不是他们信仰藏传佛教，而是把它看作民族文化的象征来对待。再如满蒙联姻，两个民族联姻必须具有一个基础，即对对方的民族文化具有高度的认可，否则不会把视为异类的另一民族作为自己的联姻对象。清代统治者通过对民族文化的利用大大增强了国家的凝聚力，为中华民族的形成作出了杰出的贡献。

民族文化是一个民族在长期的历史发展中形成的具有本民族特色的文化。民族文化反映了一个民族的生存环境、人文特点等和民族息息相关的内容。民族文化是一个民族深层次的内涵，通过民族文化，可以看到一个民族内部的精神面貌和精神气质。任何民族的文化都处于不断变化之中，都会吸收来自外部的有益营养，也都会随着民族的发展而不断发展变化。民族之间的接近与交往，往往会受到不同文化带来的羁绊与阻碍，所以有人认为文化冲突是民族之间互相亲近的最大的、深层次的障碍。不同民族文化的和谐甚至相融有利于民族交往与民族和谐。不同民族文化之间的相互关系影响着民族之间的关系状态。国家对民族文化的态度也影响着国家凝聚力的形成。以蒙

古为例，在调查中我们发现，国内蒙古族的民族心理在民族自豪感和民族自信心方面表现出一种非常矛盾的状态。一方面，他们有极强的民族自豪感。自豪感的来源主要有四个方面，一是成吉思汗时代蒙古族曾经无比辉煌；二是我国现在的发展速度在世界领先；三是蒙古族在少数民族中基本处于前列；四是比蒙古国的发展要快。这种高度的民族自豪感对民族和国家都是有利的。另一方面，他们的自信心又不足，特别是与蒙古国的蒙古族相比较而言。主要原因在于，他们认为自己的民族传统文化正在很快地消失，他们对自己还是不是正统的蒙古族产生了不自信。相对于蒙古国的蒙古族而言，他们认为没有自己独立的国家，是不是像蒙古国的蒙古族想的那样，自己没有血性而被汉族统治着。我们从调查数据中可以看到明显的痕迹。表 1 是对内蒙古自治区群众的调查数据，表 2、表 3 是对蒙古国留学生的调查数据。

表 1　您认为蒙古族的历史和文化中心在哪里？

（调查对象：我国内蒙古自治区群众）

态度	民族		
	汉族	蒙古族	其他少数民族
中国	76.5%	54.1%	81.4%
蒙古国	22.5%	45.3%	18.6%
不知道	0.5%	0.3%	0
未回答	0.5%	0.3%	0
总计	100%	100%	100%

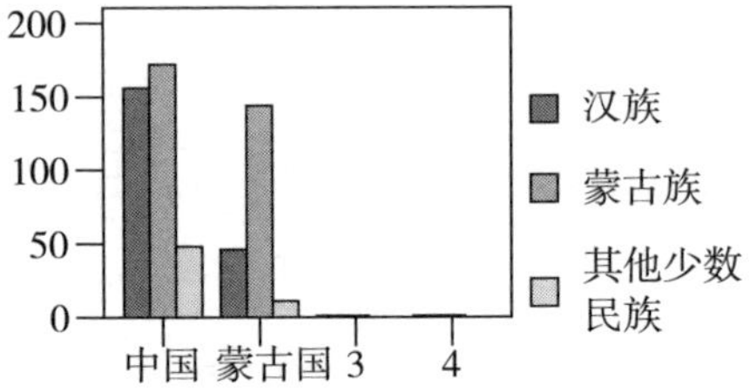

您认为蒙古族的历史和文化中心在哪里?

相反我们可以看看蒙古国留学生回答的相关情况。

表 2　您认为蒙古国的蒙古族和中国的蒙古族哪个对蒙古族的文化传统传承得更好

(调查对象:蒙古国留学生)

态度	性别	
	男	女
蒙古国	50.0%	56.3%
中国	16.7%	12.5%
都好	33.3%	25.0%
都不好	0	6.2%
总计	100%	100%

表 3　您认为蒙古族的历史与文化中心在哪里?

(调查对象:蒙古国留学生)

态度	性别	
	男	女
中国	16.7%	42.9%
蒙古国	83.3%	57.1%
总计	100%	100%

在和国内蒙古族同胞的访谈中，我们可以感觉到他们对民族文化消失的担忧。在民族文化消失的同时，我们国家在对国内蒙古族历史文化主体地位的宣传方面也做得不足，这两者的相互作用导致了国内蒙古族的自信心发生了悄然的变化。这种我国蒙古族人口占多数，而民族自信心不占优势的情况是很不正常的。这种民族自信心不强极易引发“文化倒灌”和“精神倒挂”问题。这些潜在的东西在一定条件下会成为影响国家稳定的重要因素。

各民族之间的和谐关系的形成，国家凝聚力的增强，需要各种条件和环境的支持。政治上的共同理想是各民族团结在一起和谐共处的途径之一，文化上的相容与共享是更为重要的途径。文化相对来说在社会中属于更深层次的内容，文化上的共享对整个国家的和谐和民族之间的和谐具有更深层次的推动作用。民族互共是实现文化共享、民族和谐的更为重要的推动力。民族互共区别于民族同化的主客体的区分，其本身就是建立在双方平等地位基础上的。这种以平等为基础的社会共享模式可以增强各民族的自信心和主动性，削弱各民族对共同体的戒备心理和排斥心理，减少各民族对民族特征消失的忧虑感和恐慌感。

我国各族人民共同谱写了中国历史的辉煌篇章，形成了各民族生死相依、荣辱与共的中华民族共同体。在中华民族发展史上，除了经济、地缘、政治等因素起着重要的内聚型引力之外，文化上的民族互共是更为重要的凝聚力。中华民族在形成过程中离不开民族互共，在其发展过程中同样需要民族互共的加深作为基础和保证。中华民族在历史上的民族互共现象比比皆是，但是由于历史原因，我们往往忽视它的存在，特别是在历史上的汉族统治者中，这一趋势更为明显。我们可以认真分析一下，汉族现在的民族特征有多少是由古代保留到现在一成不变的。可以说，今天的汉族文化，很大部分是在吸收众多周边少数民族文化精华，并加以改造的基础上不断创新的结果。实际上作为中国人口最多的汉族，它自己就是民族互共的直接表现和结果。只是我们不善于从中剖析和发现民族互共的影子而已，当然也有人受错误思想的毒害不愿意承认这一事实。今天，要实现中华民族的复兴同样离不开民族凝聚力。各民族共同团结奋斗、共同繁荣发展是当今民族工作的主题，这就需要我们在宣传过程中善于发现和利用民族互共这种力量和资源。比如我们伟大的民族精神是“团结统一、爱好和平、勤劳勇敢、自强不息”，这已经形成了共识，得到了大家的认可，但是对它的解读远远不够。民族精神应该是各民族精神共同体现的结果，是各民族所共有的特性，并且某些民族在某个方面可能更为突出。很多人在理解中华民族精神时，把它仅仅归属于汉族，这就大错特错了。我们在解读中华民族伟大精神时需要更多的民族性解读，也需要更多的民族性共识。我们应该改变过去对民族之间对互相接近描述的回避态度，改变由于民族同化没有完全反映事实给我们带来的不利局面。民族之间的接近和民族互共并不可怕，它是中华民族民族发展、前进的必由之路。很难想象，如果各民族之间没有任何共性，即能长期共存并且具有强烈的凝聚力。

【建议】

1. 在民族法中加大对民族文化的保护和研究力度，加大对民族文化宣传和对民族文化事业发展的支持力度。

2. 加大民族法中关于民族文化的规定。

3. 支持在民族文化研究中对各民族的文化共性和互相影响的研究。

4. 在民族法中加入促进民族互共的相关内容。

5. 在民族法中定位少数民族文化对中华民族文化的贡献，增强民族自信心和民族自豪感，增强中华民族的凝聚力。

二、从清代民族法中对少数民族上层人士的优待看当代民族干部立法的重要性

对少数民族上层人士的优待在清代民族法中占据了相当大的比重，清代的民族法对少数民族上层人士的优待可以分为四个方面的内容，一是通过联姻的方式与他们结成利益共同体；二是通过授以官爵，把他们纳入自己的统治者阵营；三是赏赐给极高的俸禄和奖赏，用经济手段进行笼络；四是授予对本民族和本地区的管辖权，维护他们的既得利益。通过上述手段，清朝统治者把少数民族上层人士争取到了自己的阵营中，使他们成为得力的统治工具。清代统治者掌握了古代羁縻政策的精华，并且用适合自己的方式与少数民族上层人士形成了统治联盟，维护了清王朝的统一与稳定。

大力培养和任用民族干部是我国的一项重要民族政策，是促进少数民族和少数民族地区发展，协调民族关系，解决民族

问题的关键。我国民族法中也有很多关于民族干部选拔、培养和任用的相关规定，但我国的民族干部政策与清代的羁縻政策有本质区别。清代的羁縻制立法对当今的民族立法不具有直接借鉴的可能，但在形式上或意义上具有重要的借鉴价值。

民族干部是党和国家干部队伍的重要组成部分，是推进民族团结进步事业、促进民族关系和谐的重要力量，毛泽东曾精辟地指出："政治路线确定之后，干部就是决定的因素"。做好民族干部工作，选拔、培养、任用和信任民族干部是我们过去成功的经验。在革命年代需要民族干部，在建设中国特色社会主义中更需要大量的民族干部。

以内蒙古的民族工作为例。内蒙古的民族干部工作自成立自治区以来就一直颇有成就，蒙古族干部不仅为内蒙古的发展作出了贡献，而且从内蒙古成长起来并走向全国的民族干部也相当多。内蒙古的民族干部工作主要成就一是体现在民族干部的选拔，即民族干部的数量和质量上。自治区高度重视少数民族干部选拔培养工作，通过学习培训、出国学习、外出考察、选派有培养潜力的少数民族干部到沿海发达地区和上级国家机关挂职锻炼等多种方式，培养了一大批德才兼备的民族干部。截至 2005 年底，全区党政机关中有少数民族干部 50061 人，占全区机关干部总数的 30.59%，其中，厅局级干部 409 人，占同级干部的 36.1%；县处级干部有 4128 人，占同级干部的 32.06%；科级干部 23169 人，占同级干部的 29.81%，各级少数民族干部比例分别高于人口比 15.28 个、11.15 个和 8.9 个百分点。在全区 12 个盟市党政班子中，民族干部占 37.28%，党政正职中，民族干部占 50%；在 101 个旗县（市区）党政班子中，民族干部占 37.23%，党政正职中，民族干部占 46.53%。[①]二是体现在对民族干部的信任和任用上。民族干部在内蒙古得到了充分的信任，民族干部不仅占比远大于人口比例，而且关键部门和政治领导干部所占比例更大。用老百姓的话说就是少数民族干部掌握实权。对民族干部的信任和任用激发了民族干部极高的工作热情和工作责任心。他们把党的事业、党的任务当成自己的事业、自己的任务。我们在访谈中问起内蒙古为什么特别稳定，很多人回答关键是民族干部与党和国家站在一边，与党和国家一条心。

中国特色社会主义建设是一个全新的、充满各种挑战的新事业，需要继续培养造就一支政治上靠得住、工作上有能力、作风上过得硬、人民群众信得过的高素质干部队伍。首先，要坚持选拔和任用大量的民族干部。民族干部具有天然的优势，在沟通感情、反映社情等方面具有十分重要的作用。同样一件事，民族干部去做和一般干部去做效果明显不同；同样一句话，民族干部去说和一般干部去说社会反映明显不同。同时，民族干部的成长也是民族发展的一个重要方面。其次，我们要给予民族干部以充分的信任，敢于使用，疑人不用，用人不疑。必须摒弃封建思想作用下的用人思维，改革民族干部任用制度。内蒙古的民族和谐历史基础不是每个地方都具有，但其实质我们可以充分利用，无非是民族自豪感和民族自信心。在旧的民

① 王有星.《内蒙古民族关系和谐发展探因——庆祝内蒙古自治区成立 60 周年》.《实践》. 2007 年第 8 期。

族干部任用制度中，有些规定非常不利于民族自豪感和民族自信心培养。最后，要加大对民族干部的培训和管理工作。民族干部在民族地区民族关系构建中起着十分重要的作用，必须保证其思想纯洁性和行为纯洁性。在民族干部培养中，应该发挥民族院校的优势，以其为基地对民族干部进行经常性的政治教育和民族政策教育。民族院校在以前的改革中放弃了其政治功能，和其他一般院校一样仅仅追求经济功能是十分错误的。加大对经济建设急需人才的培养力度不意味着应该放弃政治培训活动。民族院校在今后的发展中需要国家给予政策支持，重新承担起民族干部的政治和民族政策培训的任务。同时，对于在任职过程中已经和少数民族群众离心离德、背离人民利益的民族干部要坚决给予惩处。有些民族干部由于长期脱离群众，起不到沟通群众作用，有的甚至走到人民群众的对立面。应该把维护民族关系和谐作为对民族干部考核的重要指标。对于那些不能起到应有作用的民族干部应该给予果断的处理，不称职的及时撤换，构成犯罪的，依法制裁。

【建议】

1. 民族立法中对民族干部的任用比例作出量化规定。

2. 用法律的形式固定民族干部的培养规划，使之成为少数民族地区管理的可靠力量。

3. 制定专门的民族干部工作评定标准，把维护国家统一和稳定作为重要的考核标准。

三、从清代民族法关于宗教管理的规定看通过民族立法使宗教与社会主义相适应

清代民族法中关于宗教的立法很多，以《理藩院则例》为例，除了在综合性规定和其他规定中涉及宗教管理的内容外，《理藩院则例》列有专门的喇嘛例，光绪年间的《理藩部则例》列有五个喇嘛例。清代的宗教立法主要内容有三个方面，一是对宗教领袖的尊崇；二是对宗教事务内部的管理，比如喇嘛的级别、活动的规则等；三是对宗教势力的控制，如对活佛转世系统的规定、“金瓶掣签”的规定，喇嘛出行的限制和规则等。通过清代的宗教立法，一方面从名义上尊崇宗教，另一方面加强对宗教的管理和限制，使宗教成为清朝统治者手中沟通民族关系，接近民族群众，密切民族往来，维护地方稳定的重要工具。

在我国，民族和宗教有着密切的联系，民族问题和宗教问题相交织已成为我国民族问题的基本特征之一。宗教矛盾往往会成为民族矛盾、国家动荡的导火索。这种事例在国际上和国内已屡见不鲜。宗教和谐程度是民族关系的重要影响因素，也是民族关系状况的重要标志。宗教和谐包括不同宗教之间的和谐与信教群众和不信教群众之间的和谐。当前，我国的宗教工作面临着三个方面的问题，一是来自外部的宗教渗透，二是内部的宗教管理落后，三是宗教和社会主义相适应问题。

防止宗教渗透已成为我国当前民族工作的新重点。当今世界，随着经济全球化的步伐加快，宗教作为一种文化，已成为国际政治势力角逐中的一种斗争武器。随着我国改革开放的不

断深入，西方国家将宗教作为打压我国的工具，宗教渗透形势十分严峻。以内蒙古为例，调查中我们发现，境外宗教势力对内蒙古进行宗教渗透的活动频繁发生，甚至有日趋加剧的势头。在我们的实地调查中，主管民族宗教工作的部门负责同志多次向我们表达了对宗教渗透多发性和民族宗教工作薄弱的矛盾的担忧。由于宗教渗透隐蔽性和欺骗性的特点，宗教工作部门的统计数据只能作为考量宗教渗透发生数量的参考。从我们的问卷调查中可以看出，境外宗教渗透在内蒙古具有多发性和普遍性。表 4 是我们对内蒙古自治区群众的调查数据。

表 4　近年来您身边有国外组织到中国传教的事例吗？

（调查对象：我国内蒙古自治区群众）

有但是不多	没有	很普遍	总计
40.7%	48.5%	10.8%	100%

（一）境外宗教渗透的新特点

民族地区历来是境外宗教渗透的多发之地，内蒙古作为民族地区也概莫能外。随着新时代内蒙古经济社会的发展，经济生活和社会生活的外向性更强。在市场经济建设和世界经济、政治、文化全球化的过程中，一个国家和地区的对外交往必然要随之增多，这就给境外宗教渗透带来了难得的机会。在调查中我们发现境外宗教渗透在近几年来的发展中呈现一些新的特点。

首先是渗透的对象更有选择性。境外宗教渗透组织在选择渗透对象时，更多地会倾向于少数民族群众，这很可能和少数民族群众有信仰宗教的历史传统，更容易接受宗教思想有关。

在我们的访谈中，曾被作为境外宗教渗透对象的少数民族群众要明显多于汉族群众。在同一社区的群众中，渗透分子更多地会选择社会的弱势群体进行渗透活动，这可能和弱势群体更需要心理慰藉有关。宗教渗透势力企图通过给予小恩小惠和思想麻痹的方式争取社会弱势群体的支持。

其次是渗透的地区发生了转移。在调查中我们发现，宗教渗透在农牧区的发生率远高于在城镇的发生率，在渗透过程中明显呈现一种“农村包围城市”的趋势。这可能和城镇管理较为正规化、较为严格有关。境外渗透势力往往会采取在农牧区先展开工作，然后以农牧区为基础向周围的城镇发展。现在的农村文化事业建设落后对这种趋势的发展起到了推波助澜的作用。

最后是渗透来源的变化。在我们的访谈中和从有关部门得到的资料中可以感觉到一个明显的变化，以前的宗教渗透源更多地集中于欧美地区。以前，欧美地区的宗教势力往往借蒙古国为通道或者直接进入内蒙古地区进行宗教渗透。而现在宗教渗透源更多地来自韩国，渗透路线除了由蒙古国直接进入以外，还经常通过东北地区进入内蒙古。这种变化被一些民族宗教工作者称为宗教渗透源由北向东的转移。这就要求我们在进行反渗透工作中适时转移观察视线，转移工作的重心。

从宗教渗透的手段来看，手段的不断翻新和多样化是新时代的特点。除了以前我们关注的常用手段外，新时期利用经贸活动进行宗教渗透的比例在逐渐上升。这种渗透方式更具有隐蔽性，加大了我们工作的难度。还有很多宗教渗透势力采取单兵作战的方法在牧区以逐户进入的方式进行宗教渗透。这种以个体方式进行的宗教渗透活动比在固定场所召集多人的方式更难发现。

（二）境外宗教渗透的内部原因分析

一是思想重视程度不够，投入不足。部分领导干部对宗教工作甚为轻视，认为宗教、民族工作不会给自己带来什么政绩，不值得重视，不如抓经济见成效。有些领导干部缺乏政治头脑，对境外宗教渗透的严重性认识不清，缺乏警觉。有的地方擅自接受境外捐款，滥建教堂，到了麻木不仁的程度。有的地方忽视对宗教工作的管理，还有的地方受部门和局部利益的引诱，违反党的宗教方针政策和法律法规，为境外宗教渗透大开方便之门。对宗教渗透工作的轻视思想必然带来防宗教渗透的投入不足问题。面对越来越复杂的宗教工作实践，现有的防渗透队伍建设落后和投入不足问题愈益明显。人员少、装备差、设施落后，已经与实际工作需要形成了极大的反差。人员和设备的匮乏，使我们的很多宗教工作难以开展，很多措施只是停留在纸面上。

二是我们的民族宗教政策宣传不足。我们国家在宗教事务方面制定了相对完善的管理制度，但这种管理制度的宣传明显落后。很多普通民众不知道宗教渗透会给国家和地区带来怎样的危害，甚至没考虑过这样的问题。从表 5 中的数据可以看出我国的宗教渗透现状和宗教政策宣传不足形成的极大反差。在访谈中我们采取口头提问的方法提出上述同样的问题，然后问：“你知道我国对外国人到国内传教的态度是什么吗？”大部分人回答不知道。我们在作了相关解释之后，再询问他们的看法时，基本上他们都转变了原来的看法，认为国家的政策是有道理的。

表 5　您认为国外宗教组织到国内传教对国家和地区安全影响如何？

（调查对象：我国内蒙古自治区群众）

有很大影响	没有	有但是不大	不清楚	总计
31.4%	12.6%	39.4%	16.4%	100%

表 6　您了解我国的《宗教事务条例吗》？

（调查对象：我国内蒙古自治区群众

没听说过	听说过但不知道具体内容	了解具体内容	了解部分内容	总计
35.2%	38.2%	3%	23.6	100%

三是农村的基层组织管理功能的缺失。新时代宗教渗透更多得向农村发展的趋势表明农村存在管理上的漏洞。由于农村基层组织建设的落后，加之农村税费改革以后，农村基层组织的经费问题难以解决，使基层组织的社会管理功能处于缺失状态。渗透组织正是抓住了这个弱点，在农村大肆兴风作浪，妄想在宗教渗透上走出一条“农村包围城市”的道路。境外传教士在当地学校、农村自由传教，无人管，无人问，大有蔓延之势。

四是对社会弱势群体的关心不够。弱势群体是任何社会都存在的。由于我国正处于社会主义初级阶段，还有很多社会问题亟待解决，全体人民的共同富裕还未实现。在市场经济的大潮下，部分社会群体由于各种原因没有跟上经济社会发展的脚步。社会弱势群体暂时处于落后地位不等于我们应该放弃他们或者轻视他们。国家应当义不容辞的承当起关心和帮助社会弱势群体的责任，并在关心和帮助的前提下对他们进行管理。现阶段尽管我们在这方面做了一定的工作，但离实际需要还有很大差距。广大社会弱势群体成员在国家方面得不到关心和帮助就会转而寻找其他心理依靠和物质帮助。宗教渗透组织正是看重了这一点，所以大肆鼓动弱势群体入教。宗教的思想和教会组织的物质帮助恰好满足了弱势群体的物质和精神需求。长期发展下去，我们就会失去社会弱势群体这块阵地。

在宗教管理工作上，目前的宗教管理属于外部管理模式，与清代的宗教管理模式有着明显的差别，这和我们过去对宗教的认识有关。我们坚持马克思主义民族观和宗教观是正确的，但它是对共产党员和先进分子的要求，对一般的公民只具有引导意义而并非行为准则。毛泽东在革命年代的策略可以拿来作为宗教管理的指导方针，即从战略上藐视敌人，从战术上要重视敌人。当然，不能将宗教作为敌人来对待，这只是一种比喻。当前的宗教工作应当尽快改变过去只注重外部管理，不注重内部管理的工作模式，要把对宗教的管理深入到宗教组织内部。清朝的宗教管理成果直到今天仍然是我们与宗教分裂势力斗争的依据，说明清代的宗教管理方式是先进的，其效果是显著的，值得我们继承和进一步改进。

宗教和谐、宗教与社会主义相适应，是宗教工作的重要任务。宗教在民族地区的特殊地位决定了在民族工作中必须重视宗教工作，同样，和谐民族关系的构建也离不开宗教工作的支持。宗教问题具有长期性、复杂性和重要性。正确处理宗教问题，对国家的社会稳定、民族团结、祖国统一和社会主义现代化建设有十分重要的意义。只有实现了宗教和谐，才能真正实现民族和谐。我国的宗教政策根本是宗教信仰自由，同时必须引导宗教与社会主义社会相适应。具体说，就是要与社会主义初级阶段相合拍，与中国特色社会主义伟大事业相适应。宗教与社会主义相适应是一个重大的课题，我们必须转变观念，以新的思维方式来看待宗教问题。传统上我们对宗教抱着一种蔑视的态度。“宗教是劳动人民的鸦片”，是毒药，似乎成为不可动摇的共识。信教的人被认为不是愚昧就是反动。直到今天，我们在作调查时，被调查者往往还会对自己的宗教信仰情况保持一种回避的态度。过去我们相信任何宗教都会随着旧世界的衰落而走向灭亡。我们必须改变对宗教的工作态度，变防为用。宗教本身的发展规律决定了在社会主义社会是不会消失的，甚至在现阶段出现了局部的“宗教热”现象。既然宗教在现阶段是一种必然存在，我们就需要给予正确引导，甚至加以利用，使其为中国特色社会主义事业作贡献。既然宗教在现阶段不能消失，我们就应该采取主动，使其为我所用。历史上很多统治者都有过利用宗教的成功先例，作为社会主义国家的中国虽然不能与历史上的封建王朝没有可比性，但至少能说明宗教不是一无是处，这在维持社会稳定方面具有一定的作用。在国外的监狱中，都会有牧师与信仰宗教的囚犯进行思想交流，取得了很好的效果。在“东突”分子中，很多人被洗脑，把自己的行为视为为宗教献身的高尚行为，这种精神上的动力是非常可怕的。如果我们占领了宗教思想的制高点，掌握了宗教的话语权，对于瓦解“东突”分子的思想堡垒是十分有利的。设想，我们在对“东突”分子的改造中，如果能让德高望重的宗教人士也参与对他们的思想改造，用宗教理论打破其思想堡垒，应该比仅用政策进行说服教育效果要好得多。

【建议】

1. 通过民族立法应对宗教渗透活动。

2. 改革和完善宗教管理体制，使宗教管理深入宗教系统内部。

3. 制定专门的宗教法，以规范和管理宗教活动。

四、从清代民族法重稳定轻发展的教训看民族经济立法的重要性

如前文所述，在民族地区的稳定和发展两者关系的抉择中，清朝统治者把稳定作为终极目的，稳定的地位远高于发展。由于清政府的战略失误，虽然边疆地区的经济社会取得了一定的发展，但远落后于中原地区的发展速度。边疆地区的落后最后成为国家统一力量的短板，为西方列强瓜分中国提供了可乘之机。

民族关系和谐的实现不能只靠喊口号、做思想工作来实现，它需要一系列条件作为基础，根本途径在于实现民族的发展。和谐民族关系的实现既需要有政治上的平等，更需要有实实在在的民族发展作支撑。在我国社会主义市场经济条件下，地区之间收入差距逐渐扩大，以民族发展来促进民族和谐的实现显得更为迫切。当前，我国的民族问题和矛盾的主要热点和历史上、新中国成立前、新中国成立初期有很大区别，其热点已经由政治层面转到了经济、文化、社会等各方面，实质就是民族的发展需求得不到满足的表现。如果还用老眼光看问题，提到民族和谐就说政治平等如何如何，很难有说服力，也不能真正解决民族问题和民族矛盾。这就需要我们把实现民族关系和谐

建立在民族发展的基础之上，切实解决少数民族的发展需求问题，实现少数民族的全面发展和进步。民族区域自治是我国的基本政治制度，但其功能应该是综合性的。民族区域自治的功能应该包括政治功能、经济功能、文化功能、社会功能等多个方面。一项制度在不同的历史时期，面临不同的时代任务，其功能的侧重点应该应时而变。民族发展的核心是人的发展，是一个综合性发展，如果仅有经济指标的增长，而人的素质得不到真正的提高，就不可能实现民族的真正发展，也不可能有民族关系的长期和谐。这也是很多学者呼吁培养少数民族造血功能的目的，也是我们国家在投入巨资解决“少小民族”工作中遇到的难题。民族发展是综合性发展，不只是经济发展，还包括文化、社会等多个方面。只有通过民族的综合性发展，才能为一个民族屹立于民族之林、长盛不衰提供营养和资源。民族发展和地区发展也不能画等号，特别是在我国各民族“大杂居、小聚居”的国情下，民族发展和地区发展的关系更不能等同。一个地区的高楼大厦很多，GDP 数值很大，不代表这一地区的少数民族发展状况良好，民族关系一定和谐。甚至很多情况下，这种现代化场景和少数民族的落后面貌对比加快了民族关系恶化的步伐。

在民族发展的诸多方面，经济发展是最重要也是基础性的一面。民族的文化、社会等方面的发展和经济发展是一种辩证关系，但经济发展的地位更为重要，具有基础性作用。良好的经济基础可以为民族的文化发展、社会发展提供发展动力。在我国东西部差距越来越大的形势下，加快民族经济的发展显得尤为重要。首先，中央在项目安排中应该加大对西部少数民族地区的支持力度。邓小平曾经提出“两步走”战略，东部已经实现了较大的发展，西部少数民族地区翘首以待的第二步应该加快进程。其次，地方政府在制定发展规划时应该以当地的资源和实情为依据，制定出切实可行的能够使广大老百姓增收的，特别是少数民族群众增收的好规划，不能好大喜功、盲目照搬。要通过发展规划的实施，使少数民族群众能够从中得到更高的收入。衡量发展的效果不能只看政府的钱袋子，更要看群众，特别是少数民族群众的腰包。最后，到西部投资发展的国有企业要承担起促进民族发展的作用。国有企业尽管已经改制，但还享有一系列的垄断性资源，同时也应该承担起一定的社会责任。国家支持国有企业到西部投资的目的不仅仅是挣钱，更重要的是促进民族地区的发展。国有企业不能仅从经济利益着眼，成为享受垄断性资源，享受特殊政策，到西部去淘金的“精致利己者”，而应该在民族地区的发展中承担重要的社会责任，如改善地方经济结构、通过雇工提高少数民族群众素质等。

【建议】

1. 进一步修订民族区域自治法，提高民族经济立法的比例。

2. 建议制定民族经济促进法，以法律手段加快少数民族地区发展。

3. 建议在少数民族地区设立经济特区，探索边疆地区沿边开放的发展模式。

参考文献

参考书目

（1）《清史稿》：中华书局，1976年版。

（2）《清实录》：中华书局，1985年影印版。

（3）《元史》：中华书局，1976年版。

（4）《明史》：中华书局，1974年版。

（5）《钦定理藩部则例》：天津古籍出版社，1998年版。

（6）［清］章梫纂：《康熙政要》，中共中央党校出版社，1994年版。

（7）孟森：《满洲开国史》，上海古籍出版社，1992年版。

（8）孟森：《明清史讲义》（上、下），中华书局，1981年版。

（9）翦伯赞主编：《中国史纲要》（第一至四册），人民出版社，1979年版。

（10）郑天挺：《清史探微》，北京大学出版社，1999年版。

（11）傅斯年：《出入史门》，浙江人民出版社，1998年版。

（12）王锺翰：《清史新考》，辽宁大学出版社，1997年版。

（13）王锺翰主编：《中国民族史》，中国社会科学出版社，1994年版。

（14）余梓东：《清代民族政策研究》，辽宁民族出版社，

2003 年版。

（15）尚钺：《中国历史纲要》，河北教育出版社，2000 年版。

（16）钱实甫编：《清代职官年表》（全四册），中华书局，1980 年版。

（17）戴逸主编：《简明清史》（第一、二册），人民出版社，1980 年版。

（18）李询等主编：《清代全史》（第一至十卷），辽宁人民出版社，1991 年版。

（19）王戎笙编：《台港清史研究文摘》，辽宁人民出版社，1988 年版。

（20）中国人民大学清史研究所编：《清史论文选集》，中国人民大学出版社，1979 年版。

（21）周远廉：《清朝开国史研究》，辽宁人民出版社，1981 年版。

（22）周远廉主编：《中国封建王朝兴亡史》（明、清朝卷），广西人民出版社，1996 年版。

（23）马汝珩、马大正主编：《清代的边疆政策》，中国社会科学出版社，1994 年版。

（24）包文汉整理：《清朝藩部要略稿本》，黑龙江教育出版社，1997 年版。

（25）马汝珩、成崇德主编：《清代边疆开发》（上、下册），山西人民出版社，1998 年版。

（26）吴丰培等编撰：《清代驻藏大臣传略》，西藏人民出版社，1988 年版。

（27）赵云田：《清代治理边陲的枢纽——理藩院》，新疆人民出版社，1995 年版。

（28）杨学琛：《清代民族关系史》，吉林文史出版社，1991 年版。

（29）杨树蕃：《清代中央政治制度》，台湾商务印书馆，1978 年版。

（30）杨学琛：《清代民族史》，四川民族出版社，1996 年版。

（31）杨学琛、周远廉：《清代八旗王公贵族兴衰史》，辽宁人民出版社，1986 年版。

（32）《清朝兴亡史》（外八种）：北京古籍出版社，1999 年版。

（33）袁森坡：《康雍乾经营与开发北疆》，中国社会科学出版社，1991 年版。

（34）马楚坚：《明清边政与治乱》，天津人民出版社，1994 年版。

（35）马大正主编：《中国边疆经略史》，中州古籍出版社，2000 年版。

（36）马大正主编：《中国古代边疆政策研究》，中国社会科学出版社，1990 年版。

（37）李治亭：《清康乾盛世》，河南人民出版社，1998 年版。

（38）张晋藩主编：《清朝法制史》，法律出版社，1994 年版。

（39）（美）魏斐德：《洪业——清朝开国史》，陈苏镇等译，江苏人民出版社，1992 年版。

（40）田继周等:《中国历代民族政策研究》，青海人民出版社，1993 年版。

（41）徐杰舜等主编:《中国民族政策史鉴》，广西人民出版社，1992 年版。

（42）张羽新:《清代前期西部边政史论》，黑龙江教育出版社，1995 年版。

（43）顾祖成编著:《明清治藏史要》，西藏人民出版社、齐鲁书社，1999 年版。

（44）曾国庆:《清代藏史研究》，西藏人民出版社、齐鲁书社，1999 年版。

（45）龚荫著:《中国土司制度》，云南民族出版社，1992 年版。

（46）高士荣:《西北土司制度研究》，民族出版社，1999 年版。

（47）施雪华主编:《政治科学原理》，中山大学出版社，2001 年版。

（48）刘泽华主编:《中国传统政治哲学与社会整合》，中国社会科学出版社，2000 年版。

（49）钱穆:《中国历代政治得失》，生活·读书·新知三联书店，2001 年版。

（50）陈茂同:《中国历代选官制度》，华东师范大学出版社，1994 年版。

（51）王文光:《中国古代的民族识别》，云南大学出版社，1997 年版。

（52）黄崇岳总主编：《中国历朝行政管理》，中国人民大学出版社，1998 年版。

（53）《中国历史大辞典》清史卷（上、下）：上海辞书出版社，1992 年版。

（54）吴永章：《中国土司制度渊源与发展史》，四川民族出版社，1988 年版。

（55）高翔：《康雍乾三帝统治思想研究》，中国人民大学出版社，1995 年版。

（56）赵云田：《中国民族边疆管理机构沿革史》，中国社会科学出版社，1993 年版。

（57）南开大学明清史研究室编：《清王朝的建立、阶层及其他》，天津人民出版社，1994 年版。

（58）吴吉远：《清代地方政府的司法职能研究》，中国社会科学出版社，1998 年版。

（59）魏千志：《明清史概论》，中国社会科学出版社，1998 年版。

（60）卢明辉：《清代蒙古史》，天津古籍出版社，1990 年版。

（61）李燕光：《清史经纬》，辽宁大学出版社，1987 年版。

（62）阿拉腾奥其尔、阎芳编著：《清代新疆军府制职官传略》，黑龙江教育出版社，2000 年版。

（63）马汝珩：《清代西部历史论衡》，山西人民出版社，2001 年版。

（64）马曼丽主编：《中国西北边疆发展史》，黑龙江教育出版社，2001 年版。

（65）王德昭：《清代科举制度研究》，中华书局，1984年版。

（66）张晋藩：《清律研究》，法律出版社，1992年版。

（67）苏亦工：《明清律典与条例》，中国政法大学出版社，2000年版。

（68）余振贵：《中国历代政权与伊斯兰教》，宁夏人民出版社，1996年版。

（69）李鹏年等编著：《清代中央国家机关概述》，紫禁城出版社，1989年版。

（70）《清代藏事辑要》，西藏人民出版社，1983年版。

（71）张金鉴：《中国法制史概要》，中华书局，1973年版。

（72）费孝通等：《中华民族多元一体格局》，中央民族学院出版社，1989年版。

（73）张中秋：《中西方法律文化比较研究》，南京大学出版社，1991年版。

（74）牙含章：《达赖喇嘛传》，人民出版社，1984年版。

（75）杨仁寿：《法学方法论》，中国政法大学出版社，1999年版。

（76）陈春龙等编著：《法学通论》，吉林人民出版社，1985年版。

（77）史筠：《民族法制研究》，北京大学出版社，1986年版。

（78）吴宗金：《民族法制的理论与实践》，中国民主法制出版社，1998年版。

（79）吴宗金、敖俊德主编：《中国民族立法理论与实践》，中国民主法制出版社，1998 年版。

（80）吴宗金、张晓辉主编：《中国民族法学》，法律出版社，2004 年版。

（81）吴宗金：《中国民族区域自治法学》，法律出版社，2004 年版。

（82）王红曼：《新中国民族政策概论》，中央民族大学出版社，2000 年版。

（83）杨昌儒：《民族政策学》，贵州民族出版社，1998 年版。

（84）金炳镐：《民族理论通论》，中央民族大学出版社，2007 年版。

（85）金炳镐、王铁志主编：《中国共产党民族纲领政策通论》，黑龙江教育出版社，2002 年版。

（86）张晓辉主编：《中国法律在少数民族地区的实施》，云南大学出版社，1994 年版。

（87）张春生主编：《中华人民共和国立法法释义》，法律出版社，2000 年版。

（88）曹海晶：《中外立法制度比较》，商务印书馆，2004 年版。

（89）周旺生等：《西方法学名著评介》，辽宁人民出版社，1986 年版。

（90）周旺生：《立法学》，北京大学出版社，1988 年版。

（91）周旺生：《立法论》，北京大学出版社，1994 年版。

（92）周旺生主编：《立法研究》（第 1-4 卷），法律出版社，2000-2003 年版。

（93）朱光磊：《当代中国政府过程》，天津人民出版社，2002年版。

（94）陈庆云：《公共政策分析》，中国经济出版社，1996年版。

（95）陈振明主编：《政治学——概念理论和方法》，中国社会科学出版社，1999年版。

（96）陈伯礼：《授权立法研究》，法律出版社，2000年版。

（97）邓世豹：《授权立法的法力思考》，中国人民公安大学出版社，2002年版。

（98）李培传主编：《中国社会主义立法的理论与实践》，中国法制出版社，1991年版。

（99）李步云、汪永清主编：《中国立法的基本理论和制度》，中国法制出版社，1998年版。

（100）郭道晖：《法的时代精神》，湖南出版社，1997年版。

（101）郭道晖总主编：《当代中国立法》（上、下），中国民主法制出版社，1998年版。

（102）郭道晖：《中国立法制度》，人民出版社，1988年版。

（103）戴小明：《民族法制问题探索》，民族出版社，2002年版。

（104）马怀德主编：《中国立法体制、程序与监督》，中国法制出版社，1999年版。

（105）苗连营：《立法程序论》，中国检察出版社，2001年版。

（106）孙潮：《立法技术学》，浙江人民出版社，1993年版。

（107）徐向华：《中国立法关系论》，浙江人民出版社，1999年版。

（108）刘和海、李玉福：《立法学》，中国检察出版社，2001年版。

（109）戚渊：《论立法权》，中国法制出版社，2002年版。

（110）方慧编：《中国历代民族法律典籍》，民族出版社，2004年版。

（111）（德）萨维尼：《论立法与法学的当代使命》，许章润译，中国法制出版社，2001年版。

（112）（日）岩井奉信：《立法过程》，李微译，经济日报出版社，1990年版。

（113）彭谦：《中国民族政策法律化问题研究》，中央民族大学出版社，2006年版。

（114）公丕祥：《法制现代化的理论逻辑》，中国政法大学出版社，1999年版。

（115）王人博、程燎原：《法治论》，山东人民出版社，1989年版。

（116）石泰峰：《社会主义法治论纲》，中共中央党校出版社，2000年版。

（117）朱景文主编：《全球化条件下的法治国家》，中国人民大学出版社，2006年版。

（118）吴玉章：《法治的层次》，清华大学出版社，2002年版。

（119）李步云：《走向法治》，湖南人民出版社，1998年版。

（120）李林：《立法理论与制度》，中国法制出版社，2005年版。

（121）汪太贤：《西方法治主义的源与流》，法律出版社，2001年版。

（122）苏力：《法治及其本土资源》，中国政法大学出版社，1996年版。

（123）沈宗灵：《法理学研究》，上海人民出版社，1990年版。

（124）季卫东：《法治秩序的建构》，中国政法大学出版社，1999年版。

（125）於兴中：《法治与文明秩序》，中国政法大学出版社，2006年版。

（126）郑永流：《法治四章：英德渊源、国际标准和中国问题》，中国政法大学出版社，2002年版。

（127）郝铁川：《当代中国与法制现代化》，浙江人民出版社，1999年版。

（128）崔永东：《中西法律文化比较》，北京大学出版社，2004年版。

（129）程燎原、江山：《法治与政治权威》，清华大学出版社，2001年版。

（130）〔德〕霍恩：《法律科学与法哲学导论》，罗莉译，法律出版社，2005年版。

（131）〔德〕考夫曼、哈斯默尔主编：《当代法哲学和法律理论导论》，郑永流译，法律出版社，2002 年版。

(132)〔俄〕拉扎列夫主编:《法与国家的一般理论》，王哲等译，法律出版社，1999 年版。

(133)〔美〕埃尔曼:《比较法律文化》，贺卫方等译，清华大学出版社，2002 年版。

(134)〔美〕波斯纳:《法理学问题》，苏力译，中国政法大学出版社，1994 年版。

(135)〔美〕博登海默:《法理学：法律哲学与法律方法》，邓正来译，中国政法大学出版社，1999 年版。

(136)〔美〕庞德:《通过法律的社会控制、法律的任务》，沈宗灵等译，商务印书馆，1954 年版。

(137) Zimmern, Alfred E: *Nationality and government*, Chatto and Windus, 1919。

(138) Rose, J. Holland: *Nationality in modern history*, The Macmillan Company, 1926。

(139) Niederhauser, Emil: *The rise of nationality in Eastern Europe*, Corvina Kiado, 1981。

(140) Samek, Toni: *Librarianship and human rights: a twenty-first century guide*, Chandos Pub, 2007。

参考论文、期刊

(1) 胡瑞华:《中国共产党执政法治化研究》，三峡大学，硕士论文，2006 年。

(2) 李奋:《回疆则例研究》，石河子大学，硕士论文，2007 年。

（3）朱宗伟：《国家主义背景下的民族区域治理——清代以来新疆的政治发展研究》，华中师范大学，博士论文，2007 年。

（4）叶玲：《我国公共政策对法律运作过程的影响机制研究》，南京师范大学，硕士论文，2007 年。

（5）江海英：《新时期依法执政与党的执政方式研究》，华东师范大学，硕士论文，2007 年。

（6）张谋：《政治视野中的当代中国民族工作》，中央民族大学，博士论文，2007 年。

（7）梁霞红：《丰富民族法制资源　促进民族经济发展》，中央民族大学，硕士论文，2007 年。

（8）廖龙辉：《马克思主义政党执政理论若干问题初探》，中共中央党校，博士论文，2006 年。

（9）杨俊海：《清末民初东北移民政策与移民安置》，复旦大学，硕士论文，2006 年。

（10）何芹：《中国共产党科学执政研究》，中共中央党校，博士论文，2006 年。

（11）袁长征：《民族经济政策法制化问题研究》，西北民族大学，硕士论文，2006 年。

（12）龚志祥：《新中国民族政策过程及实证研究》，中央民族大学，博士论文，2006 年。

（13）耿钢：《我国政府公共决策体制创新研究》，中央民族大学，硕士论文，2005 年。

（14）张倩：《论党的政策法制化》，云南大学，硕士论文，2006 年。

（15）孙镇平：《清代西藏法制研究》，中国政法大学，博士论文，2000 年。

（16）李秀梅：《清朝统一准噶尔史实研究——以高层决策研究为中心》，中央民族大学，博士论文，2006 年。

（17）吴大旬：《清朝经营侗族政策研究》，中央民族大学，博士论文，2006 年。

（18）程印学：《清朝经营傣族研究》，中央民族大学，博士论文，2005 年。

（19）陈培培：《清朝法律特权研究》，安徽大学，硕士论文，2007 年。

（20）李云泉：《明清朝贡制度研究》，暨南大学，博士论文，2003 年。

（21）罗兰桂：《清朝前期天主教在中国的传播及清政府对天主教的政策》，暨南大学，硕士论文，2000 年。

（22）刘庆宇：《清乾隆朝佛教政策研究》，东北师范大学，博士论文，2008 年。

（23）那仁朝格图：《试述清朝对青海蒙藏民族地方的立法》，《内蒙古社会科学》（汉文版），2008 年第 1 期。

（24）李国栋：《民国政府民族政策的特点及其基本走向》，《烟台大学学报》（哲学社会科学版），2008 年第 4 期。

（25）余梓东：《“民族政策”定义推究》，《内蒙古社会科学》（人文版），1996 年第 3 期。

（26）杨作山：《民国时期边疆民族政策刍议》，《固原师专学报》，2000 年第 5 期。

（27）杨永俊：《我国古代民族羁縻统治政策的变迁及其原因探究》，《西北史地》，1999 年第 2 期。

（28）李世宇：《从康乾民族政策看西部开发》，《贵州大学学报》（社会科学版），2001 年第 4 期。

（29）张双志：《南京国民政府时期的民族思想和民族政策——以蒙藏问题为中心》，《中国藏学》，2003 年第 4 期。

（30）娜拉：《民国新疆地方政府对游牧民族的统治政策》，《中国边疆史地研究》，2008 年第 1 期。

（31）黄建华：《论国民党政府新疆政策的特点及成因》，《新疆师范大学学报》（哲学社会科学版），2002 年第 2 期。

（32）史骥：《民国时期东北边疆民族地区管辖述论》，《东北史地》，2008 年第 3 期。

（33）陈永胜：《西北民族地区法制现代化的障碍性因素分析》，《甘肃理论学刊》，2000 年第 4 期。

（34）陈洪波、王光萍：《当前我国民族立法工作中存在的主要问题、成因及对策研究》，《民族研究》，2001 年第 2 期。

（35）陈绍凡：《我国民族自治地方立法若干问题新探》，《民族研究》，2005 年第 1 期。

（36）周鹄昌：《单行条例在我国法律体系中的地位与作用》，《云南民族学院学报》（哲学社会科学版），2003 年第 2 期。

（37）吴桂韩：《从公共选择理论视角透视非常态式的政策终结——兼论我国政策终结的科学化、民主化与法制化》，《广东工业大学学报》（社会科学版），2007 年第 3 期。

（38）吴斌、陈观成：《关于完善民族法律体系的实证研究——论规范性民族法律文件的规范化和系统化》，《西南民族学院学报》（哲学社会科学版），2002 年第 7 期。

（39）谭桔华：《加强政府决策科学化、民主化和法制化建设探讨》，《云南行政学院学报》，2004 年第 2 期。

（40）丁立军：《试析清代新疆统治中心转移之原因》，《重庆科技学院学报》（社会科学版），2009 年第 4 期。

（41）高大洪：《论西藏在西部大开发过程中政策法制化问题》，《西藏大学学报》（汉文版），2002 年第 2 期。

（42）唐华彭、郭继光：《入关初期清朝对明朝法制的继承及其特点分析》，《今日南国》（理论创新版），2008 年第 2 期。

（43）陈京：《试论清朝满蒙联姻政策的特点及其积极影响》，《白城师范学院学报》，2008 年第 1 期。

（44）星全成：《清朝治理蒙藏方略对后世的启示》，《青海民族学院学报》，2008 年第 3 期。

（45）杨恕、曹伟：《评清朝在新疆的隔离制度》，《中国边疆史地研究》，2008 年第 2 期。

（46）龚志祥：《民族政策科学化、民主化、法制化探讨》，《满族研究》，2007 年第 1 期。

（47）宝贵贞：《清朝民族宗教政策与喇嘛旗的设置》（英文），《中国藏学》，2008 年第 2 期。

（48）牛海桢：《试论乾隆年间清朝对西北准噶尔蒙古的武力征服政策》，《甘肃联合大学学报》（社会科学版），2008 年第 4 期。

（49）牛海桢、李晓英：《简论清朝初年对青海蒙古的政策》，《兰州大学学报》（社会科学版），2007 年第 2 期。

（50）赵志忠：《清朝民族政策解读》，《黑龙江民族丛刊》，2007 年第 2 期。

（51）陈柏萍：《清朝对西藏地方的全面治理》，《青海师专学报》，2007 年第 6 期。

（52）王欣、蔡宇安：《新疆和卓之乱与清朝的治乱》，《陕西师范大学学报》（哲学社会科学版），2005 年第 1 期。

（53）穆崟臣：《试论清朝治理东蒙古的政策和措施》，《内蒙古社会科学》（汉文版），2005 年第 3 期。

（54）钱鹏：《清朝回族立法政策初探》，《西北民族大学学报》（哲学社会科学版），2005 年第 3 期。

（55）张文灿：《清朝治理新疆的民族政策评析》，《新疆大学学报》（哲学人文社会科学版），2005 年第 4 期。

（56）常建华：《加强对清朝政治体制的研究》，《河南师范大学学报》（哲学社会科学版），2005 年第 6 期。

（57）李云霞：《清朝的法律制度概述》，《满族研究》，2002 年第 4 期。

（58）苏发祥：《简述清朝民族管理机构的形成及其演变》，《西北民族学院学报》（哲学社会科学版），2002 年第 2 期。

（59）晏子有：《清朝外藩封爵制度》，《社会科学战线》，1999 年第 3 期。

（60）余宏模：《试论清朝前期贵州的土司制度》，《贵州民族研究》，1997 年第 1 期。

（61）王唯惟：《试论清朝前期的统治方略》，《贵州大学学报》（社会科学版），1997 年第 4 期。

（62）陈光国：《论清朝对藏区法制的立法思想和立法原则》，《青海社会科学》，1997 年第 3 期。

（63）乌廷玉：《清朝屯田》，《史学集刊》，1996 年第 4 期。

（64）宝日吉根内：《清朝〈藩部要略〉稿本探究》，《中国边疆史地研究》，1996 年第 2 期。

（65）廖祖桂、陈庆英、周炜：《清朝金瓶掣签制度及其历史意义》，《中国藏学》，1995 年第 3 期。

（66）韩铁铮、包梅媛：《关于清朝的民族关系和对外关系》，《文教资料》，1995 年第 2 期。

（67）McKenzie，Eric Francis：Chinese communist policy toward minority nationalities in the Xinjiang-Uighur Autonomous Region in the context of the Sino-Soviet dispute，1956-1965，University of Virginia，1986，（Ph. D.）。

（68）Palmer，Katherine Ellyson：Creating the Zhuang，ethnic politics in the People's Republic of China，University of Virginia，1997，（Ph. D.）。

攻读学位期间发表的学术论文目录

撰写的主要论文

1.《对当前我国涉及民族因素事件的浅析》,《中央民族大学学报》(哲学社会科学版),2009 年第 4 期。

2.《从元清两代民族政策对比看民族关系状态的重要性》,《贵州民族研究》,2010 年第 3 期。

3.《试析在执行民族区域自治政策中的几个误区》,《云南行政学院学报》,2013 年第 3 期。

4.《改革开放三十年民族教育政策的发展和完善》,《黑龙江民族丛刊》,2008 年专刊。

5.《中国特色的民族语言文字政策》,《中共云南省委党校学报》,2006 年总第 44 期。

参与编写的著作

1.《改革开放三十年民族政策的发展和完善》,本人负责第八章,中央民族大学出版社,2008 年 12 月(金炳镐主编)985 工程项目。

2.《新中国民族政策 60 年》,本人负责第六章,中央民族大学出版社,2009 年 7 月(金炳镐主编),985 工程项目。

3.《中国民族关系研究》(余梓东主编),本人负责第三、

四、五、十二章。

参加课题

1. 国家民族事务委员会:《跨界交往视野中的内蒙古发展与稳定研究》，主持人：余梓东。本课题成果获国家民族事务委员会调研报告一等奖。

2. 北京市哲学社会科学规划重点项目“北京市少数民族特色文化创意产业研究”，主持人：牛颂。2010 年 6 月结题。

3. 北京市哲学社会科学规划项目“内蒙古民族宗教问题与北京市稳定相关性研究”，主持人：陈理。

后　记

我还依稀记得刚到中央民族大学考博时自己的模样，我像一只渴望雨露的禾苗，抬头仰望着学校的一座座古色古香的教学楼，耳边不时传来学长的介绍。似乎这里的每一个看似不起眼的角落都充满了故事，都有大师们的音容笑貌留驻其间。我的思绪已经穿越了墙壁，好像看到自己正坐在楼内的教室里，聆听着那些以前只在书上见过名字的大师们的教诲。我难以相信时间会流逝得如此之快，这一切都好像就在昨天，怎么马上就要毕业了。我努力回忆着在校三年的时光，发现通过一件件学习和生活中的“大事”串联，三年时光真的历历在目。在中央民族大学读书的三年是我这一生都不会忘记的生命历程。我的心灵在这里得到了充实，对这里的记忆饱含了值得我一生珍藏的宝贵财富。我马上要离开我的母校了，但它将来会永远成为我思念的留驻之地。在三年的求学经历中，我得到了老师们无私的教诲和帮助，偷走了他们治学和做人的宝贵经验。我在老师们期许的目光中将要走向远方，回望眼，请允许我用最简单的话语表达我的心情：感谢您，我的母校和我的师长们。

感谢我的恩师余梓东教授三年来对我的辛勤培育以及三年来对我学习、生活的关心和帮助。我从您这里学会了做学问与做人并重，学会了理论和实践相结合，学会了放弃门第之见，兼容并蓄，学会了严于律己，宽以待人。我还记得您为了使我们不忘师门精神带我们去给王先生上香扫墓，在墓前回忆王先生的治学精神和生前的豪迈经历。我还记得您为了拓宽我们的知识面，多次督促我们去听课和听讲座的场景。我还记得每一次您带我们到民族地区调研时总是事必躬亲地处理每一件小事的情形。您的知识我就要带走了，同时带走的还有您的精神和态度。我会在我今后的教师生涯中将您的一切传承下去，做一个合格的传承者。

感谢导师组的每一位给我教诲的老师，金炳镐教授那种对经典原著的熟悉与理解之透彻使我明白了做学问必须有好根基的道理；康基柱教授总是用和蔼的笑容告诉我们老师和你们在一起；熊坤新教授总是同学们最容易亲近的老师。还有一直给我以帮助的佟书记、刘树宏老师，在这里一并表示感谢。

感谢在硕士阶段将我带入民族理论领域的赵学先教授，赵老师使我这个门外汉具备了民族理论的基础知识，带我走向了民族理论的研究之路。马丽娟老师、何叔涛老师、李若青老师在我艰难的民族理论学习开始阶段给了我无私的帮助，令我终生难忘。

感谢三年来与我共同生活和学习的师兄师姐师弟师妹们。我们的每一次经历都会成为美好的回忆，共处中的每一次快乐经历都是人生画卷中的一道色彩，愿你们生活得更加精彩。

感谢我的兄弟姐妹对我求学的支持和帮助，使我在而立之年仍有求学的机会。感谢总是接济我的岳父岳母，你们总是那么默默无言地承担起本应该由我承担的责任。感谢六年来对我翘首以盼的妻子、女儿和儿子，这是我们共同的收获。